사막에서는 길을 묻지 마라

나태주 지음

사막에서는
길 을
묻지 마라

열림원

목차

1부 | 버리고 싶어서 그곳에 갔다

사막의 향기를 드립니다	11
눈 – 알제리 시편 1	13
샤하라 – 알제리 시편 2	15
앉아서 – 알제리 시편 5	16
잠시	17
모래	18
그래서 왔다	19
사막 1	21
모래 지평선	22
사막을 꿈꾸다	23
월아천	24
사막 5	26
사막 6	27
감동 – 낙타시편 1	28
잔인무도 – 낙타시편 2	29
조금씩 오는 생각	30
나의 낙타나무	32
낮잠	33
어떤 사막	34
고독	35
모래	36

2부 | 울지 마라, 묻지 마라, 오늘도 혼자 건너라

사막을 찾지 말아라	41
스무 살 당신	43
아들 낙타에게	45
먼 길	46
어린 낙타 1	48
어린 낙타 2	50
명사산 낙타	52
사막 4	53
해답	55
고행	56
낙타가 운다 2	57
사막 7	59
서울 사막	60
사막여우	61
사막에 홀려	63
서울 1	64
낙타	65
그리운 사막	67
사막행	69
어머니의 축원	71
계절	72
신기루 같은 것이라도	74

3부 | 만날 날이 멀지 않다

기다리마	79
의자 – 알제리 시편 3	80
시시껄렁 – 알제리 시편 4	81
창밖에 – 알제리 시편 6	82
빈자리	83
포옹	84
사막 2	85
사막 3	86
고비사막	87
돈황 막고굴	88
목이 마르다	89
비단길	90
지구가 다 환합니다 – 천사의 도시로 보낸 시 1	91
사막 8	93
먼 곳	94
괘종시계	96
C	97
멀지 않은 날	98
자목련	99
미리, 탄자니아	100
미리, 탄자니아 2	102
가을 입구	103
라스베이거스	105
사막의 강	106
사막 시집	108
자전거	109
눈인사	110

4부 | 너는 빛나는 모래 한 알

백년초	*115*
다시 차가운 손	*116*
아랍 처녀 샤히라	*118*
아제아제	*119*
화엄	*121*
피안	*122*
낙타	*123*
모래바람	*124*
사막 무덤	*125*
간호	*126*
감나무 아래 – 천사의 도시로 보낸 시 2	*127*
꽃에 대한 감격	*128*
버킷 리스트	*129*
사막 무지개	*131*
타클라마칸	*132*
명사산 추억	*133*
오아시스	*135*
낙타도 없이 – 윤효 시인	*137*

5부 | 사막에 다녀와서 내가 사막이라는 걸 알았다

아직도 멎지 않는 사막의 모래바람 소리 – 실크로드 여행기	*140*
나는 사막이 그리운 한 줌의 햇빛이었나 – 데스밸리 여행기	*172*

시인의 말 – 멀리 있는 네가 나는 참 좋아	*179*

1부

버리고 싶어서 그곳에 갔다

사막의 향기를 드립니다

사막은

무색

아무런 색깔도 없는 건 아니지만 단순한 몇 가지 색깔

사막은

무취

그냥 모래 마르는 냄새 풀잎 마르는 냄새

사막은

무한

하늘이 그렇고 모래밭이 그렇고

사막은

투명

하늘이 또한 그렇고 사람 마음이 다시 그렇다

사막의 향기를 드립니다

무색무취 무한 투명의 냄새를 드립니다
그건 이미 당신 마음 안에도 있는 것들입니다

부디 상처 나지 않게 조심조심
밖으로 꺼내시기 바랍니다
이쪽의 것도 조금 가져가시기 바랍니다.

눈
— 알제리 시편 1

미안하다
네 눈을 좀 오래 들여다보도록
허락해다오

창밖에도 눈
창 안에도 눈

낙타 눈썹 아래
껌벅이는 둥글고도 맑고
깊은 눈

무슨 크고도 많은 이야기가
숨어 있을 것만 같아
마음이 따라 들어갔다가는
한참 동안 돌아오지 않는다

마음 안에도 눈

마음 밖에도 눈

한 나라 왕조의 역사가
들어 있을 것 같은 눈
눈, 눈

저 많은 눈을 두고
나 돌아가도 그냥은
돌아가지 못한다.

샤히라
— 알제리 시편 2

슬픈 일 없이도
슬퍼 보이는 눈
그냥 커다란 호수

그냥 뜻 없이
뜻도 없이

눈 한 번 껌벅일 때마다
하나의 세상이
열렸다 닫히곤 한다.

앉아서
— 알제리 시편 5

서 있을 때 보이지 않던
구름이 자리에
앉았더니 보이기 시작한다

구름만 보이는 게 아니라
바람의 손도 보이고
바람이 만지고 가는
구름의 속살까지도
은근슬쩍 보인다

거기 서 있는 나무가 저렇게
높을 줄이야
내가 또 그렇게 키가
작을 줄이야.

잠시

낙타의 주둥이가 닿을 만큼
높이의 몸통에 새싹을 내밀고
그 주변에 가시 울을 쳐놓는
이른바 낙타나무

가시 울 속에 돋아난 새싹을
꺼내어 먹기 위해 주둥이에
피를 흘려야 한다는 낙타

과연 당신과 나 어느 쪽이
낙타였고 낙타나무였나?
서산의 천리포수목원 동쪽 언덕
낙타나무를 보면서 잠시.

모래

언젠가는 산이었고 바위였던 것들
인간의 발자국이었고 한숨이었고 땀방울이었던 것들
하나하나 모여 모래가 되고 모래밭 되고
사막을 이루었다

이제는 너무 많은 산
너무 많은 발자국
너무 많은 한숨과 땀방울
드디어 누군가의 뼛조각들까지
눈먼 시간을 보탠다

너무 무거워 모로 기울어지는 지평선
무너지는 건장한 어깨와 허리
지구도 잠시 여기 와서는 몸을 부리고
쉬었다 가고 싶어 한다.

그래서 왔다

무심히 그냥 해 질 무렵
모래 지평선을 바라보고 싶어서 왔다
서쪽으로 사라지는 황혼을 보며
울먹이고 싶어서 왔다

말없이 그냥 모랫바닥에
드러눕고 싶어서 왔다
해가 진 뒤에도 오래도록
따스한 모랫바닥의 온기
지구의 등허리가 이렇게
부드럽고도 따스할 줄이야!

하늘 가득한 하늘의 눈물
소름 끼치도록 맑고도 깊고도 푸른 눈물
그렁그렁 쏟아질 듯 하늘의 눈망울이여
그 별들을 가슴에 품으러 왔다
비행기 타고 자동차 타고

낙타 등에 기대어 왔다.

사막 1

하고 싶은 말이 너무 많아
여기 버린다

토막말 하나하나 부서져
모래가 된다

가슴속 말들이 조금 더
줄었기를 바란다.

모래 지평선

만날 일 없으니
다툴 일 없겠고

다툴 일 없으니
화해할 일 없겠다

화해할 일 없으니
좋을 일도 없겠지!

면도칼로 쏨벅 자른 듯한
모래흙의 저 어여쁜 엉덩이

기억 한 자락을 잘라 나도
그 어름에 던질까 그런다.

사막을 꿈꾸다

그대, 인생이 지루한가?
그렇다면 사막을 꿈꾸라
이내 인생이 싱싱해질 것이다

그대, 하루하루가 답답한가?
그렇다면 사막을 가슴에 품으라
이내 가슴이 열릴 것이다

그대, 마음이 슬픈가?
그렇다면 사막을 오래 그리워하라
이내 마음은 보랏빛으로 물들 것이다.

월아천

사람 눈썹 초승달 모양을 닮았다는
사막 가운데의 어여쁜 호수
그 오아시스를 보러 온 것이 아니다

얼음산에서 내려왔다는 차갑고도
맑은 호숫물에 손을
씻기 위해서 온 것도 아니다

다만 그 옆 고운 모래밭에
한 번쯤 누워보고 싶어서 온 것이다
누워서 하늘을 보고 싶어서 온 것이다

정말로 모래밭에 반듯이 누워
모래를 만져보았을 때 모래는 너무나도
부드럽고 가늘고도 따스하기까지 해서

내 내장을 내가 만지는 듯

정겹고도 섬뜩한 느낌이었다.

사막 5

버리고 싶어 그곳에 갔었다
성가신 그리움과
너에게로 가서
돌아오지 않는 마음

그러나 정작 버리고 싶었던 것들은
버리지 못하고 오히려
햇빛과 바람과 모래만
한 짐씩 데리고 왔다

아니다 그들이 자발적으로 따라왔다
따라온 모래와 바람과 햇빛
밤마다 저들끼리 먼저 일어나
부석대곤 한다

짐이 늘어나서
더욱 성가시게 되었다.

사막 6

너와 내가
부둥켜안고 살다가
모래가 되고

드디어
모래바람이 되어
다시 일어서야 하는 땅

너도 사라지고
나도 사라지고 없는
바로 그 어디쯤.

감동
— 낙타시편 1

웬일인지 제 몸으로 낳은 새끼에게
젖꼭지 물리기를 거부하는 어미 낙타
그 돌아선 마음 달래기 위해
젖먹이 딸린 젊은 아낙네 불러
부드러운 손으로 낙타의 목덜미 쓸어주며
구음으로 노래 불러줄 때
서서히 낙타의 모진 마음이 풀어지고
두 눈에 고이기 시작한 눈물이, 뚝
떨어지는 걸 본 적이 있다

아, 거룩함이여
짐승과 인간의 진정한 내통이여!

잔인무도
— 낙타시편 2

길 없는 길
사막에서 먼 길 떠났다가
그 자리로 돌아오고 싶을 때면
낙타의 새끼를 죽여
그 자리에 묻고 어미 낙타를 타고
길을 떠난다 그런다

그러면 기어코 어미 낙타
길을 잃지 않고
먼 길 여행을 마치고
제 새끼 묻힌 자리로 돌아온다고
그런다

아, 징그러운 모정이여
잔인무도한 인간들의 잔꾀여!

조금씩 오는 생각

실크로드 명사산 막고굴 찾아
고비사막 건널 때
버스 타고 졸면서
다섯 시간 여섯 시간 졸면서
고비사막을 건널 때

내가 정말로 보고 싶었던 것은
신기루였다
오아시스 샘물과 야자수 나무와
낙타들이 하늘 위에 거꾸로
걸린다는 신기루였다

그러나 졸린 눈 치뜨고
아무리 보고 또 보아도
신기루는 찾을 수 없었다
다만 멀리 일어나는 먼지바람과
그 위로 쏟아지는 눈부신 햇빛

이제 와 생각해보니
그때의 그러한 나 자신이
하늘 바다에 거꾸로 걸린
신기루 아니었던가
조금씩 생각이 온다.

나의 낙타나무

한 끼니 먹이를 위해선
번번이 주둥이에 선혈이
낭자해야만 했다
침을 뱉을 줄도 아는 네발짐승의
피를 받아 마시며 자라는
가시덤불, 숨겨진
예쁘고도 여린 초록 이파리들

나의 낙타나무는 과연 무엇이었던가?
끝없는 유혹과 목마름과 절망을
다스려주던······.

낮잠

파초
넓고 푸른 그늘
푸른 바람

바람의 손은 커서
낮잠 든 노인
꿈길은 멀고도 깊어

아시아의 사막
돈황 어디쯤
돌아올 줄 모른다.

어떤 사막

스스로 바람이었고
스스로 꽃이었다

너무나도 큰 바람 앞에
너무나도 커다란 꽃송이

스스로의 바람이
스스로의 꽃을 쓰러뜨렸다

허장성세 지루한
혼자만의 코스프레

끝내 아무것도
남은 것이 없었다.

고독

지평선 위에
모래 지평선 위에

점
하나

사람인가?
낙타인가?

혹은
나인가?

모래

일으켜 세우려고 애쓰지 마라
본래가 먼지요 바람이었다
네가 그러했고 네가
심히 사랑했던 자가 그러했다

일으켜 세워보았자 인간의 집이고
다리이고 고작해야 돌탑
언젠가는 그것도 무너진다

무너져 먼지가 되고 바람이 되고
그래도 남는 것이 있었다면
그것은 모래
너 자신이요
네가 사랑했던 자의 진신사리

통곡하지 마라
통곡하지 말고 모래 한 줌

쥐어다가 가슴에 안아보라
철철철 넘치도록 안아보아라.

2부

울지 마라, 묻지 마라,

오늘도 혼자 건너라

사막을 찾지 말아라

사막에 가고 싶다
사막에 가고 싶다
그렇게 말하지 말아라
네 마음이 바로 사막이다

사막을 보고 싶다
사막을 보고 싶다
그렇게 말하지 말아라
네가 있는 곳이 바로 사막이다

서울이 그대로 사막이고
네가 사는 시골이 사막이고
네가 또 스스로 낙타다
네 이웃과 가족이 모두 낙타다

그렇지 않고서는 네가
그렇게 고달플 까닭이 없고

네가 그렇게 외로울 까닭이 없다
사막을 사막에서 찾지 말아라.

스무 살 당신

어린아이가 아니다 청소년도 아니다
이제는 당당한 어른
어깨가 무겁고 발길이 또 무겁다

그러나 스무 살 당신
당신은 지금 당신 인생의 희망이며 최정점이며
가장 빛나는 보석이며 동시에 꽃이다

그걸 알았으면 가라, 세상 속으로 가라
세상 속으로 가서 세상에 물들지 말고
세상에 휩쓸리지 말고
차라리 세상 그것이 돼라

스무 살 당신이 이기지 못하면
그 누구도 이기지 못한다
그 어떠한 당신도 이기지 못한다

무엇보다 당신을 이겨라
당신을 참아내고
당신의 열정을 이기고 소망을 이겨라

차라리 세계 속으로 가라
가서 또 다른 당신을 찾아내라 만나라
모래밭 사막 속으로 낙타 되어서 가라.

아들 낙타에게

아들아 지고 있는 짐이 무겁냐
부리고 싶으냐
모래밭에 발이 빠져
금방이라도 넘어질 것 같으냐
그렇다고 그 짐
다른 낙타에게 대신
지고 가게 할 수는 없는 일
낙타에겐 짐을 아주 부리는 날이
땅에 몸을 눕히는 날
목숨까지 내려놓는 날
등에 진 짐이 살을 파고들어도 그것은
아직은 살아 있다는 증거 아니냐
지고 있는 짐 버겁다 해서
너의 짐 함부로 부리지 않을 것이며
다른 낙타에게 대신
지고 가게 하지도 않을 것을
나는 믿는다 고마운 일이다.

먼 길

가까운 길 두고 멀리 돌아왔으니 먼 길 아닌가!
쉽게 올 시간을 두고 오래
망설이다 왔으니 그 또한 먼 길 아닌가!

가죽신에 피와 눈물과
땀방울을 질척이며 오갔을 길

누구라도 그 길을
쉽사리 오갔을까 보냐
하마터면 나 또한 오지 못할 뻔했던 길

이제라도 왔으니 얼마나 다행인가
이제라도 살아서 오고
죽지 않고 돌아가니 얼마나 다행인가

발밑에 버석이는 모래알들이 인사를 한다
친구야 반갑다 반가워

우리 다음에 또다시 만나.

어린 낙타 1

마음속에 낙타 한 마리
살고 있었네
어리고도 순한 낙타
세상 물정 모르고
오직 세상한테
사랑받기만을 꿈꾸던 낙타

쉽사리 세상한테
사랑받을 수 없었네
타박타박 걸으며 걸으며
어른 낙타가 되었고
늙은 낙타가 되었네

가도 가도 목마른 날들
팍팍한 발걸음
세상은 또 하나의 사막
어디에도 쉴 만한 그늘은 없고

주저앉을 의자 하나
마련되어 있지 않았네

오늘도 늙은 낙타 사막을 가네
물 없는 길 사랑 없는 길
세상한테 사랑받고 싶은 마음 하나
세상 속으로 길 떠나네
사막의 길 걷고 또 걷네.

어린 낙타 2

날마다 네 마음속
어린 낙타 한 마리를 깨워
길을 떠나라
아직은 어린 낙타이니
그의 등에 올라타지는 말고
옆에 서서 함께 걸어라
낙타가 걸으면 걷고
낙타가 쉬면 쉬고
낙타가 바라보는 곳을
따라서 바라볼 일이다
때로는 낙타가 뜯어 먹는
낙타풀도 먹어야 하겠지만
부디 입술이나 잇몸에서
피가 나지 않도록 조심해라
네 마음속 어린 낙타 한 마리가
너의 스승이며 이웃이며
처음이자 마지막

길동무임을 잊지 말아라.

명사산 낙타

나는 한 마리
늙고 병든 낙타
그래도 웃으며
세상 길 떠난다

이유가 있다면 오직
살아서 아직도
숨 쉬고 있다는 것!

모래흙에 발이 빠지고
모래바람 숨이 막혀도.

사막 4

풀과 나무와 사람들 마을까지
우거진 산이었다가
풀들만 더부룩이
자라는 산이었다가

풀들도 사라지고
그냥 바위산이었다가
조금씩 바위산도 낮아지기
시작하다가

끝내는 모래산이다가
그마저도 사라지고
모래밭의 연속이다가
한참 다시 그러다가

양관쯤에 이르러서는
아득하기만 한 지평선

아무것도 없는 곳의
먼지와 바람
고도 제로 생명 제로

고혈압인 내 혈압도
저혈압으로 떨어진다.

해답

천적을 피해 사막으로 숨어들어 갔다가
더 무서운 천적을 만난 낙타
인간에게 붙잡혀 길들여지고
평생을 고생하며 산다는 낙타

오로지 인간을 위해 봉사하며
희생당하며 산다는
착한 짐승이여
미안하다 미안하다

나는 지금 어떤 천적한테 붙잡혀
세상에서 이 고생을 하면서 살아가고 있는 거냐?
아무래도 해답을 낙타가 알고 있겠지 싶다.

고행

낙타 타고 명사산 모래산, 모래먼지 산
삐딱하게 비탈길로 올라갔다가 내려오는 길
내 차례가 되어 온 낙타는 병들고 늙은 낙타
올라타기는 했는데 앙상한 낙타 등
뼈마디에 엉덩이가 찔려 안절부절
왜 이런 낙타가 내 차지로 왔을까?
불평해 보았지만 어쩔 수 없는 일
낙타 등의 쇠 손잡이 왼손으로 잡고
오른손으론 철컥철컥 사진을 찍는 꼴이라니!
해 저물녘 서러운 그늘이 드리워지기 시작하는
사막의 풍경은 눈물겹도록 아름다워
이런 땐 아름다움조차 고통이 된다
늙고 병든 낙타 등에 얹혀서
명사산에 올라갔다 내려오는 한 시간은
고통의 시간, 고행의 연속이었다.

낙타가 운다 2

그것은 또 하나의 아비규환
수백 마리 낙타가 고삐에 매여
쇠고리 안장에 사람들을 태우고
모래산 오를 준비를 하고 있었다

바람 불면 모래가
소리 내어 운다는 명사산
비루먹은 낙타 등에 기대어
흔들흔들 빗금으로 산을 오를 때
어디선가 낙타 한 마리
구슬프게 울기 시작하는 거였다

새끼가 팔려간 어미 낙탈까?
젖이 불어 제집에 떼어놓고 온
새끼가 생각나는 걸까?
목메어 우는 낙타의 울음
강물 되어 서럽게 서럽게

모래산을 넘어가고 있었다

햇빛도 빗금으로 떨어져
빗금으로 그늘을 만드는 명사산의 저물녘
내 마음도 자꾸만
빗금으로 기울어지고 싶었다.

사막 7

먼지와 바람과 햇빛과 모래뿐인
사막,
사막을 다녀와서

세상이 먼지와 바람과 햇빛과 모래뿐인
사막이란 걸
새삼스레 알게 되었다

아니다, 내가 먼저
먼지와 바람과 햇빛과 모래뿐인
사막이란 걸 알았다

공부 치고서는
비싼 공부를 한 셈이다.

서울 사막

덜커덕 덜컥 돌아가는 에스컬레이터 위에서
햇빛 환한 지하철역 입구 계단 앞에서
새 잎새 돋아나 어우러지기 시작하는 가로수 아래서
누군가 어깨를 툭, 치면서 알은체할 것만 같아
한참을 두리번거리기도 했지요
누군가 활짝 웃으며 나와줄 것만 같아
자주 뒤를 돌아다보기도 했지요

언젠가 정답게 만났던 사람이 있었던 게지
언젠가 손잡고 걸었던 사람이 있었던 게지
그 사람으로 하여 파르라니 애달픔의 물이 들어버린 서울
그러나 이제 그 사람 없는 서울은 목마른 사막
오직 그 사람 이쁜 생각 가슴에 하나 꽃송이 삼아
거대한 사막의 모랫길을 헤쳐 갑니다
오늘도 울며 혼자서 건너갑니다.

사막여우

어제저녁까지 있던 길이
아침에 보니 사라지고 없었다
아니, 조금 전까지만 해도 보이던 길이
지워져버리고 없었다

어젯밤 칼날같이 푸르던 달빛이
지상의 모든 길을 데려간 것일까
눈부신 아침 햇빛이 지워버린 것일까

다만 사라진 길 위에 처음 보는
작고도 어여쁜 여우 한 마리 동그마니 앉아
이쪽을 건너다보는 것이었다
눈이 동그랗고 눈빛이 우물처럼 아득했다

시인아, 사막에서는 길을 묻지 마라
부디 뒤를 돌아볼 일이 아니다
이제까지 걸어온 길이 사라졌다 해도

울먹이거나 겁을 먹을 일도 아니다.

사막에 홀려

배알이 터진 채 모래 지평선 위에
질펀하게 가로누워 마지막 숨을
몰아쉬는 검붉은 노을

낙타가 운다
모래 폭풍 속에서도 울지 않던 놈이
쿨룩거리는 소리, 톱니바퀴 돌아가는
소리로 놈이 운다

울지 마라, 형제여
머잖아 어둠이 밀려오고 별빛이 나와
우리의 머리꼭지 비춰줄 때까지
내 네 곁을 떠나지 않으마.

서울 1

갈 수도 없고
가지 않을 수도 없는 곳

생각할 수도 없고
생각하지 않을 수도 없는 사람

사막 그 너머 어디쯤 있고
내 마음속에도 있는 도시

영원히 서운하고
울적한 그 이름.

낙타

언제부턴가 마음속에
어린 낙타 한 마리 살고 있었다
날마다 낙타를 몰고 세상 속을 걸었다
타박타박 모래밭, 먼지와 바람의 길이었다

더러는 한 모금의 물이 아쉬웠다
내가 낙타였으므로 한 번도 낙타 등에 올라가본 적은 없고
누군가를 태우거나 무거운 짐짝을 올려놓고 걸었다

가장 많이 올려놓았던 짐짝은 막막한 슬픔과
대책 없는 그리움
무엇보다 그 짐짝을 내려놓고 싶었다

그러나 번번이 쉽지 않은 일
내려놓으려고 하면 막막한 슬픔과
대책 없는 그리움은 살을 파고들었다

오늘도 나는 짐짝을 가득 싣고 세상 속을 떠난다
다만 숨이 가쁘고 다리가 후들거린다.

그리운 사막

왜 그리운지 모르겠다
왜 나이 들면서 자꾸만 사막이
그리운지 모르겠다
모래와 바람과 햇빛만 사는 곳
본래 내가 모래였고 바람이었고
한 줌의 햇빛이었을까

더러는 낙타가 지나고
외로운 짐승이 살고
징그러운 벌레들이 도사리며 사는 땅
내가 본래 낙타였고
외로운 그 어떤 짐승이었고
징그러운 벌레였을까

어려서는 노을빛 어우러진
파초 나무 그늘 아래
멀리 있다는 파촉, 인도쯤

모르는 그곳이 그리웠는데
나이 들면서는 자꾸만 사막이 그립다
찾아갈 자신도 없으면서
목마른 사막이 목마르게 그립다.

사막행

쓰러지기 위해서 간다
팍팍한 다리로 가다가 가다가
무릎 꿇고 모래밭에 자갈밭에
기도하기 위해서 간다

후회하기 위해서 간다
울면서 울면서 후회하다가
지쳐서 쓰러져 별을 보며
잠들기 위해서 간다

잘못 살았구나
다만 진정 잘못 살았구나
일생이 다만 헛된 지푸라기 하나
어쩌할꼬 어쩌할꼬

버릴 곳 없는 몸과 마음
내다 버리기 위해서 간다

어머니 어머니 나 좀 다시
받아주세요 거두어주세요.

어머니의 축원

늙지 말고 가거라
어디든 가거라

고운 얼굴 눈부신 모습 치렁한 머리칼 그대로 바람에 날리며 햇빛에 반짝이며 강물 위를 걸어서 가거라 푸른 들판을 밟으며 가거라 모래밭 서걱이며 사막을 건너라 그래서 네가 되거라 오로지 네가 되고 싶은 네가 되거라 굳이 이곳으로 돌아오려고 애쓰지는 말거라 그곳에서 씨를 뿌리며 너도 나무가 되거라 강물이 되거라 들판이 되거라

늙지 말고 가거라
청춘인 그대로 가거라.

계절

강물을 건너고 말았다
한 번 건너면 다시는
돌아올 수 없는 강물

이제는 완벽히 네가
그쪽 사람이 되었다는
증거다

부디 잘 살아라
이쪽 사람 생각하지 말고
그쪽 사람들하고만
잘 살아라

그렇지만 말이다
이것만은 잊지 말아라
한 시절 내가 너를
가장 사랑하는 사람이었다는 것!

꽃이 피면
너의 마을에도
봄이 온 줄 알고
눈이 내리면 너 사는 곳에도
겨울이 왔음을 짐작하마.

신기루 같은 것이라도

언젠가는 너 없이 살아갈
날들을 생각한다
네가 나를 떠난 뒤에 견디며 살아갈
날들을 떠올려본다

아마도 사막 길, 모래밭
팍팍한 그 길을
가고 가도 물이 없는
날들이 이어질 것이다

그런 날에도 부디 나는
실망하지 않기를!
나 살고 있는 이 세상 어디쯤
너도 숨 쉬며 살고 있다는 사실
그것만으로도 큰 위로가 되기를!

차라리

신기루 같은 것으로라도 되어
가끔은 네가 하늘에 어려줄 것을 믿는다
거짓말이라도 좋으니 손 까불러
나를 불러줄 것을 바란다.

3부

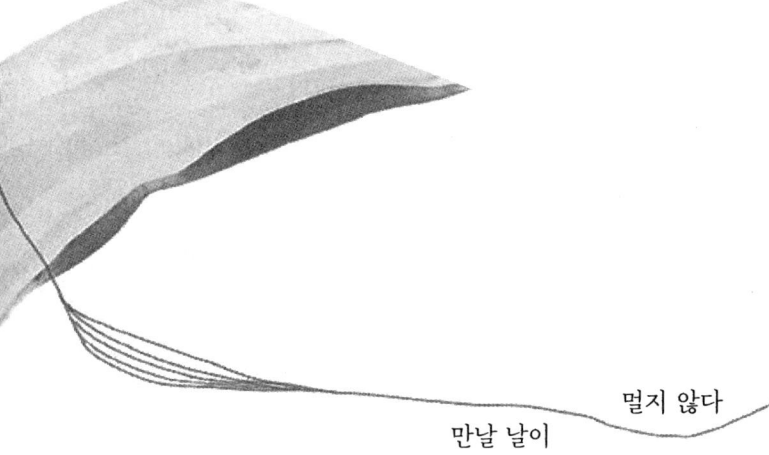

만날 날이 멀지 않다

기다리마

저문 날 해 저문 날
낙타 등에 짐 가득 싣고
먼 길 떠나는 너
모래 지평선 너머
발길 놓는 너
보고픈 마음도 이제는
너에게 짐이 될까 봐
마음속 허공에
내려놓는다
어쨌든 먼 길
한 걸음씩 걸어
다시 이곳으로 돌아오라
그때까지 나
등불 끄지 않고
마음의 빗장 걸지 않고
기다리마 너를 기다리마.

의자
— 알제리 시편 3

잠시만 앉았다 가세요
잠시만 앉았다 가도
이 집은 당신의 집이 된답니다.

시시껄렁
— 알제리 시편 4

천 년 전의 바다
천 년 전의 바위
천 년 전의 햇빛과 바람
데리고 기다리고 있었으니
그 옆에 잠시 앉았다
가지 않을 수 없구나

시시껄렁하게
시시껄렁하게

천 년 전부터 여기 오기로
되어 있던 나
다시 천 년 뒤에나 여기
오기로 되어 있는 너.

창밖에
— 알제리 시편 6

창밖에 유리창 밖에
두 남자
작은 종이컵에 든 커피를
정답게 달게 나누어 마신다

때아닌 비가 내리고
조금은 으스스한 날 아침

나무와 나무 사이
종려나무와 종려나무 사이
또 다른 두 그루
종려나무가 되어.

빈자리

누군가 아름답게
비워둔 자리
누군가 깨끗하게
남겨둔 자리

그 자리에 앉을 때
나도 향기가 되고
고운 새소리 되고
꽃이 됩니다

나도 누군가에게
아름답고 깨끗하게
비워둔 자리이고 싶습니다.

포옹

시집가 늙어서 몸이 쬐꼬매진 여자 하나
이제는 스스럼없이 품속으로 들어와 안긴다
여자의 등 너머로 해가 지고 있다
까칠한 잡목림 사이로 질펀한 주황빛 노을
어디선가 허밍버드 소리가 들리는 것 같다
모래벌판 위에 웬 벌새의 소리일까?
그것은 휘리릭 휘리릭 귓가를 후리며 가는
모래바람의 채찍
여자의 몸이 조금씩 출렁이기 시작한다
여자를 대신하여 낙타가 소리 내어 울어준다
여자는 속으로 흐느낄 뿐 소리를 내어 울지 못한다
드디어 여자는 내 가슴속에 녹아들어
질펀한 소금 바다가 된다.

사막 2

왜 그리도 이곳에 나는
오고만 싶었던 걸까?
어려서 어려서
외할머니한테 얹혀서 살 때
언덕 위에 꼬작집 서향집
날마다 해 지는 저녁이면
붉게 물드는 하늘 그 너머로
그리운 마음 가고픈 마음
집 찾아가는 새의 날개에
실어 보냈던 곳이 바로
이곳이 아니었을까?
몸살을 앓을 때마다 번번이
열에 들떠 헛소리하며
바라보던 주황빛 풍경
보일 듯 말 듯 그곳이 바로
이곳이 아니었을까?

사막 3

처음엔 들판을 뛰어다니던 것들
아침 이슬 속에 빛나는 웃음이었던 것들
더구나 인간의 안쓰러운 사랑이었던 것들

모두가 무너져 평등하게 누워 있다
그럼,
그럼,
그럼,
고개 끄덕이고 있다.

고비사막

가도 가도
햇빛과 바람과 모래
관광버스로 견디는
다섯 시간 분량의 따분함

언제 다시
성한 다리로 걸어서
내 가슴으로 숨을 쉬면서
이곳에 돌아올 수 있으랴

가도 가도 곧은 길
톈산산맥이 줄창 따라붙는 길
그 길에서 끝내 나는
눈을 감을 수가 없었다

그렇게 다시 한 번
이승의 고비를 넘겨야 했다.

돈황 막고굴

『조선과 예술』을 쓴 지한파 일본인 야나기 무네요시
동양 삼국 예술의 특성이 중국은 볼륨에 있고
한국은 라인에 있고
일본은 칼라에 있다고 주장한 그

만약 돈황 막고굴의 부처와 그림을 보았다면
거기에는 볼륨과 라인과 칼라가
모두 있었노라 말했을지도 모른다는 생각

— 실지로 그가
돈황 막고굴을 보았는지 안 보았는지는
모르지만 말이다.

목이 마르다

보고 싶다는 말은 그립다는 말
그리움은 삶의 양식이자 소망
얼마나 이 모래를 보고 싶었던가!
어쩌면 나도 한두 알
모래였는지 몰라
커다란 바위산이 부서져
작은 알갱이가 되기까지
그 길고도 지루한 순간들의 연속
어디쯤에 내가 있었을 거다

— 다시금 목이 마르다.

비단길

하루 종일 할 일 없이
앉아 있는 날
누군가 신발 끄는 소리
들려라

삽작삽작 조심스레
신발을 끌며
이리로 오는 소리

오너라 내 마음속의 길
꽃이 피어 얼룩진 길
새가 울어 출렁이는
비단길을 따라서 오너라

너를 기다려 나
맨발로 종일을
문밖에 나와 서 있으마.

지구가 다 환합니다
― 천사의 도시로 보낸 시 1

태평양 물결 너머 짠 바다 저쪽 멀리
나를 위해 웃고 있는 뜨거운 눈빛 하나
지구가 다 환합니다 오오 누님 큰누님

우리 비록 피를 나눈 동기간은 아니지만
마음으로 맺어진 누님과 아우 사이
세상 빛 다할 때까지 변함없이 살아요

세도나 여행길에 모하비사막 길에
함께한 이박 삼일 주고받은 많은 얘기
내 어찌 잊으리이까 꿈결 같은 그날들

우리 거기 바로 거기 콜로라도 강물가
무지개를 만났지요 사막 아침 산책길에
빛나는 약속입니다 또다시 만나자는

좋은 일 많이 하고 좋은 글 많이 쓰며

오래오래 땅 위에서 기쁜 날들 누리면서
가끔은 뵙기 바라요 오오 누님 큰누님.

사막 8

길은 너무 많은데
발 디딜 틈새 하나 없다

무엇보다도 바람과 햇빛의 지옥
까마득한 하늘의 감옥

나의 늙은 연애는
그만큼서 끝을 내야만 했다.

먼 곳

어려서 외할머니와 둘이
오막살이집에서 살 때
자주 외할머니와 뒷동산에 올라
먼 곳을 바라보곤 했다

가을날 같은 때 군청색 굼실굼실
물결쳐간 산봉우리들 너머
외할머니도 먼 곳을 바라보고
나도 먼 곳을 바라보고 있었다

외할머니가 바라본 먼 곳이
어떤 것인지는 모른다
그러나 나는 마음속으로 아라비아사막이거나
스위스 같은 곳을 먼 곳이라고 꿈꾸곤 했다

그 뒤로 나는 먼 곳을 많이 다녀보았다
여러 날 먼 곳을 서성이는 사람이 되기도 했다

지금은 또 그 먼 곳에서 살고 있다

생각해보니 외할머니와 살던
오막살이집이 먼 곳이고
외할머니와 함께 올라 먼 곳을 바라보던
뒷동산이 먼 곳이었다.

괘종시계

뚜벅뚜벅 말없이 걸어간다
하루 스물네 시간 쉬지 않고 걸어간다
그렇게 사십 년 가까이
어디로 가는 걸까
목적지도 모르고 간다 그냥 간다
가고 또 가기만 한다
높은 산이 있었을 거야
깊은 골짜기는 물론 강물도 건넜을 거야
요즘은 사막의 중간쯤 가고 있겠지
다리가 아플 거야
숨도 차오를 거야
이봐 친구, 이제 좀 쉬엄쉬엄 가지 그래!
그래도 대답 없이 가기만 한다
힘에 부치는 걸까
발자국 소리가 많이 작아졌다
친구, 먼저 가서 기다려줘
우리 다시 만나서 놀아.

C

어려서부터 나는 먼 나라 유럽이 그리웠고
낯선 땅 사막이 궁금했다
자라서 유럽과 사막을 찾았을 때
정작 그곳엔 내가 그리워하고 궁금해했던
유럽과 사막은 이미 없었다
그렇다면 나의 유럽과 사막은 사라진 걸까?
아니다
여전히 훼손되지 않은 채
이쪽과 저쪽 허공 어딘가에 남아 있을 것이다
B도 A도 아닌 C
그것을 오늘 나는 꿈이라 부르고 사랑이라 부르고
희망이라 부르고 또 시라고 말한다.

멀지 않은 날

흰 구름 너머
독일이란 나라가 있을까?
스위스도 있을까?
흰 구름 보면서
만난 적 결코 없는
헤르만 헤세를 그리워한다
라이너 마리아 릴케, 괴테, 아이헨도르프,
더러는 한스 카로사
젊은 시절 내 이웃이요 친구였던 이름들
마음의 스승이었던 시인들 이름을 외운다
그들이 내 안에 들어와 오랫동안
나와 함께 소금사막을 견뎠음을
이제야 깨닫는다

만날 날이 멀지 않다.

자목련

낙타 눈물에 어린
자줏빛 노을

그렁그렁 종소리라도
들릴 듯

아라베스크 문양
비단 치맛자락

스치는 소리라도
들릴 듯

머나먼 향기는 또 그렇게
가까이에 있었다.

미리, 탄자니아

사람들이 얼룩말처럼
뒹굴며 산다
얼룩말처럼 어울려 산다

그러나 뒹굴며 살
풀밭이 없어서 걱정이고
사람은 얼룩말이 아니라서
걱정이다

사람들이 물이 없는 땅에서도
울창하게 자라는
나무처럼 산다
꿋꿋이 견디며 산다

그러나 사람은 나무들처럼
목마름을 참을 수 없어 걱정이고
사람은 끝까지 나무가 아니라서

걱정이다

생각만 해도 목이 마르다
너무 멀고 아득하다.

미리, 탄자니아 2

탄자니아, 아프리카
검은 대륙의 한 나라
물도 모자라고
양식도 많이 모자란다는데
기르는 것은 커피뿐이라니
이상도 하구나
커피는 양식도 아니고
먹어서 배가 부른 것도 아닌데
커피만 길러서 무엇에 쓰나?
검은 피부의 사람들
검은 빛깔의 커피만 마셔
더 검어지는 게 아닐까
괜스레 혼자서 걱정되는 마음.

가을 입구

가을 오니
먼 곳
사막이 그리운가 보다

모래밭도 보고 싶고
모래밭에 무차별
쏟아지는 황량한 햇빛
무심한 바람과도
만나고 싶은가 보다

그러하다
가슴에서 울려오는
바람 소리를
들을 일이다

실눈 뜨고
바라보는

세상에는 없는 세상
모래밭을
꿈꿀 일이다

그곳에서 우리는
다 같이 늙은 낙타이고
어린 낙타풀이고
새로 눈뜬 햇빛
그리고 낯선
바람이어야 한다.

라스베이거스

사막 한가운데
쏟아부은
회색의 건물들

낮에는 사람 그림자
하나 없다가도
밤만 되면 사람들
쏟아져나오는 도시

사람들이
바퀴벌레 되어서
사는 도시.

사막의 강

사막에도 강이 있다
아니, 모래밭을 할퀴고 간
물줄기의 자국을 본다
그 막막함
그리고 목마름

사막에도 비가 내린다
관광버스 유리창을 치받으며
줄기줄기 소낙비로 쏟아지는 비
모하비사막 검은 모래밭 위로

사막을 건너가면서
영화 이야기를 들었다
사막을 배경으로 전개되는
러브 스토리, 실은 허황하기
이를 데 없는 이야기

사랑의 이야기란 모두 그런 게 아닐까
부질없어서 안타깝고 마음에 와서
때로는 꽃이 되기도 하고
옹이가 되기도 하는

객지에서 여행길에서 만난
사람과의 뜬구름 같은 사랑
한 시절은 그런 사랑에
목이 메어 살기도 했다.

사막 시집

이제 사막을
그리워하지 않아도
좋을 것 같다

이제 사막을
찾아가지 않아도
좋을 것 같다

내 마음에 이미
모래밭 있고
모래바람 오아시스 있고

뿐더러 낙타도 있고
낙타를 모는 대상들 있고
신기루까지 있기 때문이다.

자전거

낙타도 없이 나는
낡고 병든 조랑말 한 마리
몰고 다닌다

두 손으로 고삐를 잡고
발로 비벼주어야만
간신히 걸어가는 조랑말이다

오늘은 조랑말도 나도
많이 지친 날
조금만 가자 조금만 더 가보자
우리 집이 멀지 않았다.

눈인사

친구야 안녕!
끝내 커다란 눈이
껌벅이지도 않는다

참 오랜만이야
그래도 친구는 여전히
들은 척도 하지 않는다

내 몸이 조금씩 낙타의
눈 속으로 들어간다
사라지기 시작한다

멀리 신기루가 떴다
서늘한 바람이 불고
오아시스가 나타난다

높고도 푸른 하늘

그대로 보석이고

또 눈물이다.

4부

너는 빛나는

모래 한 알

백년초

시골에 흔하고 흔한 선인장
손바닥처럼 생겼다 해서 손바닥선인장이고
더러는 백년초라고 불리기도 하는 선인장
겨울만 되면 죽은 듯
납작 땅바닥에 엎드려 있다
그 모양까지도 오그라들어 영락없이 죽은 꼴이다
그러나 어림없는 일
녀석들은 결코 죽지 않았다
다만 죽은 척할 뿐이다
속지 말아야 한다
죽은 척하면서 살아날 궁리를 하고
납작 엎드려 어떻게 하든 새봄에
다시 일어날 궁리를 하고 있는 것이다
오래전 사막의 땅을 떠나 대륙의 땅을 지나
온대의 땅에까지 온 녀석들
오래고 오래인 방랑의 후손들.

다시 차가운 손

샤히라,
사막이란 말이 영어로 뭐야?

사하라예요
아니, 사하라는

너희 나라 알제리에 있는
사막 이름이잖아

네, 그것도 사하라이고
영어로 사막도 사하라예요

그러냐? 내 이적지
그걸 몰랐었구나

너희 나라 사하라가 있는
알제리까지 씩씩하게 잘 가거라

가면서 끼니 거르지 말고 가거라
다시 차가워진 손을 잡는다.

아랍 처녀 샤히라

잘 가라 파랑새
먼 하늘 날아서
지치지 말고
아프지 말고
네 둥지 찾아서
잘 가서 살아라

너로 하여 며칠
무지개 뜬 마음
행복했고 좋았다
그 순간들 못 잊어
나도야 오늘은
눈이 붉은 하늘새

빈 하늘 붉은 노을
너를 보듯 본단다.

아제아제

날마다 날마다
우리들 하루하루는
눈물과 한숨과 땀방울
절름발이의 언덕

언덕 너머 들판 넘어
강물을 건너
갑시다 갑시다
어서 갑시다

저 너머 흰 구름
꽃으로 피어나는 곳
꽃 보러 갑시다
미소 보러 갑시다

아닙니다 우리가
꽃이 되러 갑시다

미소 되러 갑시다
어서 같이 갑시다.

화엄

꽃 장엄이란 말
가슴이 벅찹니다

꽃송이 하나하나가
세상이요 우주라지요

아, 아, 아,
그만 가슴이 열려

나도 한 송이 꽃으로 팡!
터지고 싶습니다.

피안

강 건너 저편 언덕
꽃이 새로 피어나는지

꽃나무 아래 누군가
이쪽을 생각하는지

또다시 구름이 술렁이네
바람에 향기가 묻어오네

그 실은 한 번도
만난 적 없는 당신.

낙타

사람처럼
침을 뱉을 줄도 아는
네발짐승

사람처럼
무릎 꿇고 기도할 줄도 아는
네발짐승

그러나 사람을 등에
태우면서 생애를
시작하고 마감하는
모래밭 성자

오늘은 내가 문득
그대에게 무릎 꿇고
경배드리고 싶다.

모래바람

명사산에서부터 따라붙은 가늘고도 고운 모래알들
막고굴에 이르러 키 큰 백양나무 눈부신 가지
아득한 햇빛으로 반짝이면서
마른 바다 물결 소리로 우거져 있더니

천 년도 넘는 그림이며 부처님들 어렵사리 뵙고
밖으로 나왔을 때 눈부신 백양나무
높은 가지 끝 햇빛으로 다시 부서져
반짝여주고 있었다

너는 바람이다 너는 햇빛이다
너는 가늘고도 빛나는 그저 한 알 모래일 뿐이다
백양나무들은 사람들이 날라다 주는 물을 마시며
 그렇게도 오랜 세월 하늘을 가리는 나무로 자라고 있
었다.

사막 무덤

아버지, 살아서 목마르고 힘들고
땀에 찌든 아버지
모래밭에 묻어드려요

그곳 세상에서는 부디
목마르지도 말고 힘들지도 말고
땀에 찌들지도 마세요

언젠가는 저희도 그 옆으로
돌아갈 거예요
어머나 옆에 묻어드려요.

간호

새벽이면 자주 깨어 떨이하는 그대여,
새벽이면 자주 깨어 헛소리하는 그대여,
내 그대 옆 그대의 일등 보호자 자격으로 누워 있다손
대신 앓아주지 못하는 안타까움만으로 애태워 본다손

어찌 그대가 지금 헤매고 있는
사하라사막의 한낮이나 광막한 초원의 달밤 같은
아마존 하류의 늪지대나 아프리카의 밀림 속 같은
아득한 아득한 그대의 꿈길을
성한 내가 어찌 따라갈 수 있을 것인가?

다만 그대는 지금 죽어가는 연습을 하고 있고
나는
죽어가는 그대 옆에서 그대의 이름이나 부르고 있거나
시들어져 가는 그대의 뿌리에 물이나 뿌리고 있을 뿐,
그저 한 구경꾼이 아니던가 아니던가.

감나무 아래
— 천사의 도시로 보낸 시 2

가을 오자 남 먼저 감 익는 거 보고 싶다
바다 건너 비행기로 한달음에 건너와서
감나무 붉은 감 아래 웃음 짓던 그 사람

또 하나 감이었나 내 마음 외진 골짝
살그머니 품었다가 남몰래 꺼내보니
올해도 어느새 가을 보석으로 열렸네

언제쯤 다시 볼꼬? 둘이 마주 서 있을꼬?
멀리멀리 손을 저어 휘저어도 보지만
빈손에 잡히지 않는 그 마음이 야속해

비록 멀리 이국땅에 떨어져 살더라도
정을 두고 간 곳이기 가끔은 생각이 나
감 익는 고국의 가을 눈 감고도 보겠네.

꽃에 대한 감격

얼음산, 하늘 눈물
백두산 천지 물가에
급하게 폈다가 급하게 지는
꽃들을 보았다

불의 땅, 해발 아래
데스밸리 모래밭
진한 울음으로 왔다가 가는
꽃들을 또 보았다

얼음과 사막의 세상
그것도 지구 끝장 무렵에
너는 나에게 찾아온 얼음의 꽃
그리고 불의 꽃

그 꽃에 감사하고 감격한다.

버킷 리스트

내가 세상에 나와
해보지 못한 일은
스키 타기, 요트 운전하기, 우주선 타기,
바둑 두기, 그리고 자동차 운전하기
(그런 건 별로 해보고 싶지 않고)

내가 세상에 와서
제일 많이 해본 일은
책 읽기와 글쓰기, 사람들 앞에서 말하기,
컴퓨터 자판 두드리기, 자전거 타기,
연필그림 그리기, 마누라 앞에서 주정하기,
그리고 실연당하기
(이런 일들은 이제 그만해도 좋을 듯하고)

내가 세상에 나와
꼭 해보고 싶은 일은
사막에서 천막 치고 일주일 정도 지내며 잠을 자기,

전영애 교수 번역본 『말테의 수기』 끝까지 읽기,

너한테 사랑한다는 말을 듣기.

(그런 일들을 끝까지 나는 이룰 수 있을는지……)

사막 무지개

노래가 끝났을 때
주루룩 눈물이 흘렀다

눈물을 보이기 싫어
고개를 돌렸을 때

하늘 위에 무지개
떠서 있었다

우리 다시 만날 거예요
무지개가 말해주었다.

타클라마칸

살아날 가망은 어디에도 없었다

사방으로 터진 모래 지평선
방향 없이 부는 바람
무차별 쏟아지는 달빛이거나 별빛이거나
햇빛
매캐한 어둠의 터널
가끔 눈에 띄는 건 죽은 낙타의 뼈다귀 따위
어쩌면 사람들 것일 수도 있는

너에 대한 생각 하나 오직 활로가 되었다.

명사산 추억

헛소리하지 말아라
누가 뭐래도 인생은 허무한 것이다
먼지 날리는 이 모래도 한때는 바위였고
새하얀 조그만 뼛조각 하나도 한때는
용사의 어깨였으며 미인의 얼굴이었다

두 번 말하지 말아라
아무리 우겨도 인생은 고해 그것이다
즐거울 생각 아예 하지 말고
좋은 일 너무 많이 꿈꾸지 말아라
해 으스름 녘 모래 능선을 타고 넘어가는
어미 낙타의 서러운 울음소리를 들어보아라

하지만 어디선가 또다시 바람이 인다
높은 가지 나무에 모래바람 소리가 간다
가슴이 따라서 두근거려진다
그렇다면 누군가 두고 온 한 사람이 보고 싶은 거다

또다시 누군가를 다시 사랑하고 싶어
마음이 안달해서 그러는 것이다

꿈꾸라 그리워하라 깊이, 오래 사랑하라
우리가 잠들고 쉬고 잠시 즐거운 것도
다시금 고통을 당하기 위해서이고
고통의 바다 세상 속으로 돌아가기 위함이다
그리하여 또다시 새롭게 꿈꾸고 그리워하고
깊이, 오래 사랑하기 위함이다.

오아시스

 오직 죽음. 오직 분열. 오직 목마름뿐인 이 땅에 너 하나만 오직 샘물을 가진 어여쁜 여인. 맑고 깨끗한 숨결을 가진 낭자여. 너의 숨결을 나에게도 나누어주렴. 너의 샘물을 나에게도 허락해주렴. 나를 좀 살려다오.

 목이 마르다. 목이 탄다. 자꾸만 몸이 작아진다. 바람이 분다. 모래바람. 바람이 너무 세차다. 흔들리다 못해 모로 몸을 눕힌다. 나를 붙잡아다오. 아니 나를 안아다오. 나는 지금 무릎 꿇은 늙은 낙타.

 안아보자. 너를 안아보자. 너는 물오른 봄날의 들판. 개울가의 버들개지 낭창낭창. 너를 안으면 나도 파르르 떨며 물이 오르는 백양나무, 백양나무. 모래바람 하늘에 키를 세우며 만세 부르는 초록의 나무가 되기도 한다.

 너에게 입술을 댄다. 나의 몸이 금세 살아나면서 나도 조그만 샘물이 된다. 너에게 몸을 기댄다. 사탑. 무너지는 모래의 탑이 다시금 굳건해진다. 어디선가 향기가 온다. 향기 속에 너의 숨소리가 있다. 몸과 마음을 바람에 날린다. 허공에 던진다.

 이제는 목이 마르지 않다. 몸을 버리고 마음의 끈을 놓아도 좋겠다. 나는 그냥 바람이어서 좋겠고 허공이어서 좋겠고 한 줌의 모래이어서 더욱 좋겠다. 넘어진다. 넘어진다. 넘어지고 만다. 꽈당!

 그렇지만 너는 여전히 곁에서 꿈을 꾸는 아이. 곱게 치장한 채 잠이 깊은 처녀. 너와 함께 꿈속의 여행을 떠나곤 한다. 어떨까? 그곳이 아프리카 탄자니아 어디쯤, 나미비아 나미브사막 어디쯤이면 어떨까? 나는 그곳에서 너와 함께 얼룩말 두 마리로 다시 태어났으면 한다.

낙타도 없이
― 윤효 시인

우리 함께

사막을 건너요

이 세상.

5부

사막에 다녀와서　　　　내가

사막이라는 걸 알았다

아직도 멎지 않는 사막의 모래바람 소리
— 실크로드 여행기

✄

세상 모든 것은 언젠가 잊히기 마련이다.

그렇지만 끝까지 잊히지 않기를 바라는 것이 하나 있다.

그것은 돈황의 막고굴 앞에서 만난 백양나무 높은 가지에 이는

모래바람 소리다.

언제까지고 그것은 내 가슴속 깊숙이 뿌리 내리고 자라면서

나와 함께 울며 이 세상 마지막 날까지 견뎌주기를 바라는 마음이다.

✄

최근 내가 자주 사용하는 단어 가운데 '버킷 리스트'란 말이 있다. 그 말의 뜻은 '죽기 전에 해보고 싶은 일들의 목록' 정도일 것이다. 생각해보면 하루하루의 삶 자체가 버킷 리스트나 마찬가지다. 성한 두 다리로 걸어 다니며, 내가 하고 싶은 이런저런 일을 하며, 좋은 사람들을 만나는 것 자체가 버킷 리스트의 연속이겠다.

그 가운데 내가 글을 쓰고 책을 내고 더러는 그림을 그리는 일도 버킷 리스트가 되리라. 그러나 나에게 특별한 버킷 리스트가 하나 있었다. 그것은 사막에 가보는 일이다. 이미 미국 여행길에 모하비사막을 여러 차례 건너보았고, 데스밸리에 가서도 사막 가운데에서 1박 하면서 별빛도 보고 오아시스도 살피고 모래바람도 만끽한 바 있다.

그러나 나는 아시아 쪽의 사막을 보고 싶었다. 미국 쪽의 검은빛 모래가 아니라 황색 빛 모래를 만나고 싶었고 그 모래밭에 잠시 누워도 보고 또 거기서 하늘의 별빛을 우러러보고 싶었다. 이런 생각을 오래전부터 공주의 좋은 일꾼인 특급뉴스 김광섭 대표에게 말하고, 한번쯤 아시아의 사막에 데려가달라고 부탁했다.

그렇게 해서 부랴부랴 꾸려진 것이 이번 7박 8일(2015년 7월 8일부터 7월 16일까지)의 중국 실크로드 여행단이었다. 공주에서 글을 쓰는 사람들이라든지 공주문화원에서 나에게 글을 배우는 사람들을 불러 모으고 부족한 인원은 희망하는 분들로 채웠다. 이미 잘 아는 얼굴들이 있었고 처음 만나 통성명하는 공주 사람도 있었다.

그러나 일단 여행의 일원이 되면 여행하는 동안만은 가족이 된다. 혈연은 아니라 해도 같은 밥상에서 밥을 먹고 같은 지붕 아래 잠을 자고 같은 이동 수단으로 옮겨 다니니 운명 공동체로서의 가족이라 할 수 있었다. 일곱 쌍의 부부와 네 명의 솔로로 구성된 매우 이상적인 여행 그룹이었다.

여행 제안자도 나이고 일행의 연장자도 나여서 자연스

럽게 내가 단장 겸 인솔자 격이 되어 앞에 서고 김광섭 대표가 후미에서 주선하고 밀어주는 스타일로 여행의 일정은 진행되었다. 7박 8일. 지루하다면 지루하고 아쉽다면 아쉬운 일정.

그러나 일행 가운데 누구도 불화하거나 불평하는 사람 없었고 모두가 건강하게 여행을 마치고 돌아오는 길, 아쉬워 뒤를 돌아보고 돌아보았으니 분명 이번 여행은 성공한 여행, 감사한 여행이 아닐 수 없겠다. 그러기에 우리는 다시 만날 날을 핑계로 조그만 사진전을 약속하기도 했다.

나이 든 사람치고서 나는 여행을 그다지 많이 해보지 못한 축이다. 만주와 북경을 에둘러 백두산을 보는 여행 두 차례와 계림 여행 한 차례, 도합 세 번 정도 중국을 다녀왔다. 일찍이 일본 사람 야나기 무네요시는 『조선과 예술』이란 책에서 "중국 예술의 특징은 볼륨量에 있고 한국의 예술은 라인線에 있고 일본의 예술은 칼라色에 있다"라고 말한 적이 있다.

그동안 중국 여행은 그의 그런 생각을 확인하는 정도의 여행이었을 것이다. 그러나 이번 여행은 달랐다. 중국의 역사와 정서와 혼을 송두리째 만나는 여행이었다. 여행길 내내 나는 벅차오르는 감흥을 주체할 수 없어 가슴이 먹먹했다. 더구나 이번 여행은 아내와 동행한 여행이 아닌가!

아내는 나에게 또 하나의 집. 아내와 동행하는 여행에서는 언제나 집 걱정을 하지 않아도 좋다. 나보다도 훨씬 여행을 해보지 못한 아내. 두 차례 미국 여행과 한 차례 일본 여행에 이어 중국도 아내에게는 최초의 여행길이었다. 그러니 이번 여행은 아내의 설렘과 두려움까지 겹쳐지는 여행이었다 할 것이다.

※

끈적끈적 달라붙는 일상을 밀치고 여행 속으로 훌쩍 뛰어들기는 누구에게나 쉽지 않은 일이다. 조그만 결단이 필요하고 준비가 있어야 한다. 그야말로 여행은 일상의 탈출 그 자체이고 낯익음 모드에서 낯설음 모드로의 전환이다. 약간의 일탈과 낭만과 출렁임과 넘쳐남과 과소비를 감당해야만 한다. 시간과 돈과 건강의 투자가 있어야 한다. 현실적 손실이 따른다는 말이다.

그러면 왜 우리는 여행을 자초하는가? 지루하게 반복

되는 일상에서 소중함을 발견하고 무엇보다도 자아 성찰을 통한 자기 발전을 꾀하기 위함이다. 작은 손해를 감내하며 보다 많은 소득을 내고자 투자하는 데에 여행의 근본 목적이 있다. 떠난다는 자체가 변화이고 돌아옴도 변화이고 그 이후도 변화이다. 인생의 터닝 포인트를 만들자는 것이 정녕 여행의 숨은 목적이리라.

이번에도 떠나는 과정이 쉽지 않았다. 실크로드 여정이 고달프다고 알려져 중도에 포기하려는 동행자가 나왔고 나만 해도 처리해야 할 인생 잡사와 소화해야 할 일정들이 수두룩했다. 떠나는 전날까지만 해도 두 차례의 외부 강연이 있어서 허둥지둥 짐을 꾸리고 새벽차를 달려 인천공항을 찾았으니 말이다.

쉬고 싶었다. 일상에서 피곤했고 쉬지 못했으므로 떠나서라도 잠시 쉬고 싶었다. 몸이 쉬고 싶었고 마음이 쉬고 싶었다. 그러나 여행을 떠나면 더욱 고달프기 마련이다. 하지만 이번 여행은 비록 몸은 피곤했지만, 마음만은 충분히 상쾌했고, 휴식다운 휴식을 취했고, 정신의 재충전이 가능했다고 말하고 싶다.

이번에 만난 중국은 중국에서도 가슴 부분에 해당하는 곳이다. 그동안 문학작품이나 그림에서 보던 중국은 약간 황당무계하고 비현실적이기까지 했던 것이 사실. 그러나 이번에 만난 중국은 만주 지방이나 북경 부근의 황막함과 밋밋함, 그리고 계림의 그 오밀조밀함을 넘어서 광활하고 기기묘묘한 자연의 실체를 숨김없이 보여줬다.

비로소 그동안 보아왔던 중국의 그림과 문장들이 이해되는 듯싶었다. 정작 중국은 서정적이기보다는 서사적인 느낌을 주었다. 스멀스멀 잊힌 이야기, 잊힌 문장들이 도막도막 떠올라 피곤하고 성가셨다. 이백李白과 두보杜甫의 문장, 소동파蘇東坡, 동기창董其昌의 문장들이 절로 가슴에서 솟아올랐다.

신언서판身言書判은 당나라 시절, 관리를 뽑아 쓸 때 들이대던 기준이다. 그 말이 아직도 유용하다는 것을 생각하면 참으로 징그러운 중국이다. 대뜸 소이부답笑而不答이라든지 비류직하삼천척(飛流直下三千尺, 흘러내리는 폭포가 삼천 척이나 된다), 백발삼천장(白髮三千丈, 흰 머리털이 삼천 장이다)과 같은 이백의 과장이 실감 나고, 당명황唐明皇과 양귀비楊貴妃의 목욕탕이 남아 있는 화청지華淸池에서는 해어화(解語花, 사람의 말을 알아듣는 꽃, 뒤에 기생을 이르는 비유가 되었다)라는 말이 떠올라 황홀한 느낌이었다.

황하나 음마대협곡, 황하석림에서는 중국인의 몽환과 허장성세와 스케일을 곧이곧대로 믿어줘도 좋을 듯, 소동파의 시중유화(詩中有畵, 시 가운데 그림이 있고) 화중유시(畵

中有詩, 그림 가운데 시가 있다)가 이해되고, 동기창의 화론에 나오는 독만권서(讀萬卷書, 만권의 책을 읽고) 행만리로(行萬里路, 만리를 여행하고) 교만인우(交萬人友, 만 사람의 벗을 사귀어라)의 권고가 실감났다.

중국의 미인으로는 앞에서 말한 양귀비와 서시西施, 비연飛燕, 초선貂蟬, 왕소군王昭君을 든다. 경국지색(傾國之色, 나라를 기울게 할 만한 미인)이란 말은 멀리 한나라 무제 때 이연년(李延年)이란 사람의 시에서 연유한 말이다.

北方有佳人(북방유가인)

絶世而獨立(절세이독립)

一顧傾人城(일고경인성)

再顧傾人國(재고경인국)

寧不知傾城與傾國(영불지경성여경국)

佳人難再得(가인난재득)

북쪽에 어여쁜 한 여인이 있어

세상을 벗어난 듯 홀로 우뚝하네.

한 번 돌아보면 성城이 기울고

두 번 돌아보면 나라가 위태롭네.

어찌 성이 기울고 나라가 위태로움을 모르리오만

이같은 사람을 다시 만나기는 어렵다네.

육덕이 좋아 글래머였다는 양귀비. 일설에는 서역인과의 혼혈이라는 말도 있다. 본래는 임금의 아들 수왕의 비였는데, 아버지가 아내로 가로챘다니 오늘에는 아무래도 요령부득인 얘기다. 서시는 오월동주吳越同舟에 나오는 인물로 월나라 구천勾踐이 오나라 부차夫差에게 미인계로 보낸 여인인데 폐병 환자여서 오후 시간이면 새하얀 볼에 열이 올라 발그레해지고 기침을 할 때마다 가슴에 손을 얹는 모습을 궁 밖의 여인네들이 따라서 했다니 그제나 이제나 여인네들의 유행병이란 것의 대단함을 말해준다.

또한 비연은 한나라 성제의 황후로 몸이 가늘어 사람의 손바닥 위에서도 춤을 추었다 해서 작장중무作掌中舞란 말을 낳았다니 이 또한 과장의 극치다. 그런가 하면 『삼국지三國志』에 나오는 인물인 초선은 후한 말기 사도 왕윤王允의 가기歌妓로 주인의 뜻에 따라 여포와 동탁 사이에 끼어 동탁을 죽게 하고, 끝내는 여포까지 죽게 한 비운의 여인이다. 선녀처럼 아름다웠으나 목 부분에 흉터가 있어 그것을 가리기 위해 입은 옷이 오늘날 목까지 가리는 중국 여인의 복장이 되었다 하니 이 또한 믿을 만한 얘긴지 모르겠다.

가운데서도 우리 마음을 가장 애달프게 하는 여인은 왕소군이다. 그녀는 전한前漢 원제의 후궁이었으나, 흉노와의 화친 전략으로 흉노 왕 호한야 선우呼韓邪單于에게 시집가 살다가 죽은 여인이다. 이 여인의 슬픈 생애를 이심전심으로 받아들여 시 작품으로 남긴 사람은 당나라 측천무후 시절, 좌사 벼슬을 한 동방규東方虬란 사람인데 그의 시 「소군원昭君怨」에 나오는 '호지무화초(胡地無花草, 오랑캐 땅에 꽃과 풀이 없으니) 춘래불사춘(春來不似春, 봄이 왔으되 봄 같지 않구나)'이란 문장은 지금도 우리가 봄마다 꽃샘추위 때면 한 차례씩 되뇌고 넘어가는 세월의 탄식이기도 하다.

도대체 우리 것 가운데 얼마만큼이 중국 것이란 말인가! 극복의 대상도 아니고 그렇다고 수렴되거나 동화되기도 곤란한 중국. 그 앞에서 여행자는 끝없이 어리둥절해지고 만다. '갈수록 태산'이란 말 또한 중국에서 비롯된 말이고 '한고비 넘겼다'라는 말도 고비사막의 고달픈 여행길을 우리 인생의 고달픔에 비긴 말이다. 사람 나이 칠십을 보통 고희古稀라 그러는데 이 말 또한 중국의 시성 두보杜甫의 「곡강曲江」이란 시의 한 문장 '인생칠십고래희(人生七十古來稀, 사람 나이 칠십은 예부터 드문 일이다)'에서 슬쩍 빌려온 말이 아닌가 말이다.

중국은 땅도 넓었지만, 나무도 크고 햇빛도 두껍고 무거우며 바람 또한 키가 크고 힘이 셌다. 입을 틀어막고 아무 소리도 하지 말고 떠나라고, 떠나라고 윽박지르는 것 같았다. 그렇지만 자욱한 먼지바람 속에 이백이나 두보의 웅혼雄渾한 시심을 맛볼 수 있었던 건 벅찬 감격이었다. 아, 그들의 시가 이런 풍토 속에서 배태되고 자란 것이었구나.

내 진작 이것을 알았더라면 얼마나 좋았을까. 이런 때 만시지탄晩時之歎이란 말이 저절로 터져 나오는데 이 또한 중국의 문장이니 도대체 이를 어쩌하면 좋단 말인가! 탄식에 탄식을 거듭했던 이번 여행길, 두보의 시와 함께 탄식하는 마음이 있었기에 나름 위로도 되고 다행이었다.

나라는 망했어도 강산은 그대로여서
성에는 여전히 봄이 오고 초목은 우거졌구나
시절을 한탄해서 꽃에도 눈물 뿌리고
한스런 이별 새소리에도 놀라는 마음이여!

봉화는 연달아 석 달을 꺼지지 않고
집에서 오는 편지는 만금보다 귀하구나
흰머리는 빗을수록 더욱 성글어져

이제는 비녀조차 꽂을 수 없게 되었네그려.
― 두보, 「봄날의 소망」

國破山河在(국파산하재)

城春草木深(성춘초목심)

感時花濺淚(감시화천루)

恨別鳥驚心(한별조경심)

烽火連三月(봉화연삼일)

家書抵萬金(가서저만금)

白頭搔更短(백두소갱단)

渾欲不勝簪(혼욕불승잠)

― 杜甫(두보), 「春望(춘망)」

※

이번 일정은 우선 중국 서안西安으로 가서 거기서부터 돈황敦煌까지 난주蘭州, 무위武威, 장액張掖을 거치는 코스였다. 지도로 보면 별로 멀지 않아도 실지로는 매우 먼

거리였고 고달픈 행로였다. 일행을 인솔한 김광섭 대표의 말에 따르면 교통수단으로 이용할 수 있는 모든 방법을 동원했노라 말한다. 국제선과 국내선으로 비행기 타기 네 차례, 조랑말 타기, 낙타 타기, 양가죽 배 타기, 보트 타기, 배터리 차 타기, 자동차 타기, 케이블카 타기가 그것이었다.

서안에서는 말로만 듣던 진시황의 병마용兵馬俑 갱坑을 둘러보고 그 규모와 물량에 기가 눌렸다. 북경의 이화원 인공호수라든지 자금성, 명십삼릉에서도 마찬가지였지만 중국 사람들의 스케일과 허장성세는 이해 가능한 것이 아니다. 특히나 진시황의 병마용은 그보다 훨씬 정도가 넘쳐 도리어 진저리가 쳐지고 눈을 감아버리고 싶어진다. 오히려 그보다는 뒤에 본 한나라의 병마용이나 출토물이 자그마해서 정감이 갔다.

인류 문명의 발상지라는 황하를 두 차례나 볼 수 있었던 것도 하나의 수확이었다. 특히 황하석림에서 아슬아슬하게 셔틀버스를 타고 내려가 문득 만난 과수원과 시골 마을, 그리고 양가죽 배를 타고 건넌 황하가 인상 깊었다. 그것은 양의 가죽에 바람을 넣어 만든 뗏목으로 뱃사공을 포함하여 4인 1조로 타도록 되어 있었다. 나와 아내와 김광섭 대표가 한 조가 되어 배를 탔다. 한때나마 그렇게 운명 공동체가 된 것이었다.

시뻘건 강물이 빠르고도 세차게 흘렀다. 강 가운데쯤 왔을 때 앞서가는 배에서 청아한 소리의 노래가 들렸다. 그것은 전직 음악 교사 출신인 임혜옥 씨가 부르는 노래였다. 노랫소리는 강물 위에 부서져 또 하나의 강물이 되어 흐르고 있었다. 아내와 나도 김광섭 대표와 함께 노래를 불렀다. 그러나 이제 와 생각해보니 무슨 노래를 불렀는지 잘 생각이 나지 않는다. 이렇게 인생의 기억이란 한계가 있고, 불분명하고, 지향이 없다.

그다음 기억에 남는 것은 조랑말 마차 타기다. 양가죽 배에서 내려서 우리는 '음마대협곡'이란 곳을 조랑말을 타고 올라갔다가 내려왔다. 3인 1조가 되어 타고 올라가는 자갈길을 마부는 걸어서 말과 함께 오르고 있었다. 돈 몇 푼에 마차를 타는 사람이 있고 걸어서 가는 사람이 있었다. 또 그보다는 끝까지 사람을 태우고 껑껑거리며 가야만 하는 조랑말들도 있었다.

오르고 내리는 길, 나는 불교식으로 말해 내생이란 것이 있다면 조랑말로 태어나지 않기를 예수님께 기도드렸다. 골짜기를 내려왔을 때 마차꾼들을 위한 움막에서 여러 명의 아낙이 편을 지어 말싸움하고 있었다. 자칫하면 머리끄덩이를 잡을 듯했지만, 끝내 한편에서 소리 지르며

물러나면서 싸움은 그 정도로 수습되고 있었다. 여인네들이 열을 올려 싸우고 있는 동안 옆에서 남정네들은 카드놀이를 하면서 멀거니 싸움 구경을 하고 있었다. 그들이나 싸우는 여인들이나 나에게는 그냥 조랑말들로만 보였다.

자연경관으로는 장액의 칠채산이 압권이었다. 몇 차례 코스를 바꾸면서 바라보는 산의 경치는 환상의 연속이었다. 사막 지형의 산. 그냥 흙덩이로만 된 산. 몇 해 전 미국의 데스밸리에서도 이런 풍경을 보았는데 멀리서만 보았을 뿐 가까이서는 보지 못했다. 그러나 이번에는 매우 가까이서 볼 수 있어 좋았다.

마치 꿈속을 떠다니는 기분이랄까. 설명을 불허하는 그것은 환상의 연속이었다. 처음에는 구름이 끼어 걱정했는데 도중에 햇빛을 좀 주십사 걸어가면서 기도하니 정말 거짓말같이 햇빛이 나서 황금빛 산을 보여주시는 것이었다. 감격에 감격, 환호에 또 환호였다. 그렇지만 가장 좋았던 것은 돈황의 코스였다.

실지로 그걸 보고자 그 먼 길을 찾았던 것이 아니겠는가. 5일 차 오후에 도착한 돈황에서 우리는 꿈에도 그리던 명사산鳴沙山과 월아천月牙泉을 만났다. 명사산에서는 5인 1조로 낙타를 타기도 했다. 내 차례로 온 낙타는 매우 늙고, 마른 낙타였는데 그의 등에 올라 비탈진 모랫길을 오르내리기가 매우 미안스러웠다. 등허리의 쌍봉이 말라서 한쪽으로 쓰러진 낙타. 등뼈가 앙상해서 나의 궁둥이가 매우 아팠다.

그렇다면 그는 더 아프고, 힘들었을 것 아닌가. 그는 나를 태우고 모래 비탈길을 오르느라 고생이고, 나는 빼쩍 마른 그의 등에 올라 흔들리느라고 고생이었다. 돈 몇 푼으로 맺어진 이 악연을 우리는 어떻게 풀어야만 하는 것일까? 위에서 내려다보니 낙타의 머리꼭지 털이 모스라진 게 꼭 내 뒤통수 같았다. 그런데 거기에 송골송골 땀방울이 맺혀 있는 게 아닌가! 다시 한 번 나는 그 낙타가 나와 너무나 닮았다는 생각을 해야만 했다.

나는 낙타다. 그것도 늙고 병든 낙타다. 속으로 나는 울먹이고 있었다. 내 마음을 짐작이라도 했을까. 출발 지점, 수십 마리 낙타들이 모여 있던 마당에서부터 울기 시작하던 낙타 두 마리가 앞서가는 행렬에서도 울고 뒤따라오는 행렬에서도 울고 있었다. 낙타야, 낙타야, 너는 왜 우는 거니? 어디가 아파서 우는 거니? 아니면 집에 두고 온 새끼에게 젖 먹일 때가 되어 우는 거니?

목메어 서럽게 서럽게 우는 낙타의 울음소리가 명사산, 모래가 운다는 명사산의 저녁 그늘을 울리고 또 울리고 있었다. 참 살아 있는 목숨이 피차 구차하고 안쓰럽고 아프기만 하다는 느낌이었다. 천적을 피해 사막으로 쫓겨 들어갔다는 낙타. 그만 사막에서 그 어떤 천적보다 무서운 인간이란 천적을 다시 만나 그들에게 볼모 잡힌 신세가 되어 대대로 길들여지고, 그들을 위해 헌신하다가 희생되는 낙타. 낙타여, 인간을 부디 용서해주렴.

너희들이 나중 세상에서 인간으로 태어나거든 낙타로 태어나는 인간들을 마음껏 부리고 호령하고 그렇게 하렴. 기독교 신자인 나도 낙타 앞에서는 윤회설을 믿는 불교 신자가 되고 싶어진다. 아픈 궁둥이를 달래며 낙타 타기를 끝내고 우리 일행은 월아천 쪽으로 향했다. 사막 모래 위를 걷는다는 것이 쉽지 않았다. 낙타의 지나칠 정도로 넓은 발바닥과 두 번 굽혀지는 유연한 다리 관절이 이해되었다.

그렇지만 어찌해서 찾아온 월아천인가. 우리는 기를 써서 월아천을 한 바퀴 돌고, 월아천 위에 서 있는 도교 사원을 지나 뒤따라오는 일행을 기다리며 모래밭 바닥에 주저앉았다. 다리도 아프지만 사막의 모래밭에 한번 누워보고 싶어서 그랬다. 사막의 모랫바닥에 아무런 준비도 없이 누워본다는 것. 그것도 나에겐 버킷 리스트 가운데 하나였다.

벌러덩 누워버린 모랫바닥. 더없이 모래가 곱고 가늘었다. 떡가루보다도 고운 모래. 차라리 그런 먼지와 같은 것이었다. 그렇구나. 명사산의 모래는 모래가 아니고 먼지였구나. 얼마나 오랜 세월 부서지고 또 부서졌으면 이렇게 고운 가루가 되고 말았을까. 나는 모래 속 깊이 왼손을 찔러 넣어보았다. 모래 속의 따스함이 손끝에 전해져 왔다. 더없이 편안한 마음. 이냥 모래밭에 누워 잠이라도 들고 싶은 마음.

 아까부터 설핏하게 저물던 날이 많이 기울어 서늘한 모래산의 그늘이 월아천 깊숙이 드리워져 월아천도 푸르스름하게 보이고 모래언덕도 이제는 붉은 저녁 기운을 거두고 있었다. 아무리 버킷 리스트라고는 하지만 월아천 모래밭에 누워 하루 저녁을 새울 수는 없는 일이겠지. 나는 서운한 심정으로 일행을 따라 월아천을 나와 명사산을 비껴보며 다시금 인간의 구역으로 귀환했다. 입구 쪽 건물에 밝은 등불들이 우리에게 알은체해줬다. 반가웠다.

아마 예순 살 정도부터 사막에 관심을 가졌던 것 같다. 드문드문 사막을 소재로 한 시를 쓰고 사막에 관한 책을 구해 읽었다. 사실 실크로드는 중국에서 유럽으로 가는 길이요 사막을 가로지르는 길이다. 그것은 문명의 길이며, 인간의 길이며, 낙타와 함께하는 장사의 길이며, 삶과 죽음의 길이다. 만화나 동화를 통해 만난 『서유기』가 실크로드였고, 초등학교 교과서에 나오는 신라의 스님 혜초의 『왕오천축국전』이 바로 실크로드였다.

그렇다면 나에게 있어 사막에의 동경은 보다 일찍부터였다고 볼 수 있겠다. 사막은 오랫동안 막연한 상징의 대상이었으며 그리움과 꿈의 대상이기도 했다. 그냥 보고 싶었다. 넓은 모래밭을 보고 싶었고 신기루라는 걸 보고 싶었고 오아시스도 확인하고 싶었다. 앞에서 적은 대로 이미 미국의 서부 쪽 사막을 여러 차례 보았지만, 내가 그리워한 사막은 어디까지나 아시아의 그것이었다. 중국의 사막을 보고 싶었던 것이 이번 여행의 주된 목적이었다.

게다가 불교 미술의 정수인 돈황 막고굴을 보고 싶었

다. 서안을 지나 난주부터가 이미 사막이었다. 황하가 그 중심을 가로지르는 도시, 난주. 가까이 황하를 두고서도 난주의 나무들은 모두가 사람의 손으로 날라다 주는 물을 마시며 연명하고 있었다. 난주에서부터 무위, 장액을 거쳐 돈황에 이르는 길 자체가 사막으로 들어가는 길이었다. 갈수록 나무가 사라져갔다.

그러다가 나중에는 바위산만 남다가 모래산이 되었다가 옛날 서역과의 세관 역할을 했다는 양관陽關에서는 아예 모래산조차 사라지고 모래 지평선만 남았다. 그것이 실크로드였고, 사막이었고, 서역이었다. 아무것도 없었다. 그냥 바람이었고 햇빛이었고 머나먼 땅끝, 고도高度 제로, 그것이었다. 사람들이 낙타풀이라고 믿고 싶어 하는 사막의 풀들만 낮은 포복으로 드문드문 자라고 있을 뿐. 그것은 황무지를 넘어선 죽음의 땅.

아, 이것을 보자고 우리가 그 먼 길을 달려왔더란 말인가! 허무한 마음을 무한히 쏟아지는 햇빛이 채워주고 세찬 모래바람이 대신해서 가려주고 있었다. 점점 산이 작아지고 갈라져 바위가 되고 바위가 부서져 자갈이 되고 자갈이 부서져 모래가 되는 것이 사막이었다. 양관쯤의 바위는 붉은색 바위였던가. 모래조차 붉은색을 띠고 있었다. 나는 까칠까칠한 모래를 한 줌 쥐었다가 내려놓고 그 부근에 있는 붉은색 자갈 몇 개를 주워 호주머니에 챙겼다. 나름 옛날 중국의 끝 실크로드에 다녀간 기념품인 셈이었다.

장액에서 돈황으로 들어가는 날은 하루 여덟 시간을 꼬박 자동차로 달려야 했다. 지루하고 따분한 길. 왼쪽으로 톈산산맥이 줄곧 따라붙고 있었다. 나중에는 산맥의 머리에 있는 만년설을 보여주기도 했다. 그 길이 지나는 곳이 바로 고비사막이라고 했다. 운전기사가 졸지 않도록 가이드는 앞자리에 앉아 계속 운전기사와 이야기를 나눴다. 가이드가 말을 시키지 않을 때 운전기사는 작은 소리로 노래를 불렀다. 졸음을 쫓기 위한 방책인 모양이었다.

간간 멀리 보이는 들판에 모래바람이 일었다. 그 모래바람은 햇빛과 어울려 뿌옇게 시야를 가리기도 했다. 그렇게 모래바람과 햇빛이 뒤섞여 신기루 현상이 일어나기도 하는데 배고프고 고달픈 대상隊商들에게는 바다로 보이고, 푸른 숲으로 보이고, 때로는 음식으로도 보인다고 가이드가 설명해줬다. 신기루! 우리 젊은 시절 배고프고 고달프던 많은 날들. 우리도 인생의 신기루를 많이 보았다.

나이 들어 이제 늙고 보니 그 모든 것이 헛되다는 걸

알게 된다. 그렇다면 우리가 늙게 된 것은 얼마나 잘된 일이고 고마운 일인가. 창밖의 지루한 풍경에 거의 모든 동행이 눈을 감고 졸고 있는 그 시간. 나는 한순간도 창밖의 풍경에서 눈을 뗄 수가 없었다. 내가 언제 다시 이곳에 올까 싶은 생각에서 그랬을 것이다.

뭐니 뭐니 해도 이번 여행의 하이라이트, 핵심은 막고굴을 보았다는 데에 있다. 막고굴을 보기 전 막고굴에 대한 문화영화 두 편을 보았다. 한 편은 막고굴의 역사에 대한 것이고 한 편은 막고굴 내부의 벽화에 대한 것이었다. 두 편 모두 막고굴에 대한 사전 지식과 이해를 얻는 데 많은 도움이 되었다. 영화를 보고 난 뒤 우리는 셔틀버스를 타고 이동했는데, 막고굴은 영화관에서부터 한참 떨어진 곳에 있었다.

어제 오후에 본 명사산의 일부분이라고 했다. 제법 큰 개울의 다리를 건너 높다랗게 자란 백양나무 수풀 속에 막고굴은 은신하고 있었다. 백양나무 수풀을 보면서부터 나는 흥분하고 있었다. 아, 막고굴. 정말 내가 이곳에 왔구나. 내 성한 다리로 이 땅을 밟고 내 성한 두 눈으로 이 풍경을 확인하고 내 가슴으로 모래바람을 숨 쉬고 있음에 무한 감사를 느껴야 했다. 하나님, 감사합니다. 제가 다시 살아서 이런 풍경을 보게 되다니요. 그것은 얼마나 놀라운 일인지요!

고대 불교 미술의 흔적 앞에서 나는 또다시 하나님께 기도드리는 사람이 되었다. 쏴아쏴아 메마른 바다 물결 소리를 내고 있는 백양나무들은 키가 커서 고개를 젖히고서도 그 끝이 잘 보이지 않았다. 그 녀석들 역시 사람이 날라다 주는 물을 마시며 오랜 세월 그렇게 목숨을 버티고 있다고 했다. 간간이 바람 속에 먼지 같은 모래가 뿌옇게 날리고 있었다.

가이드의 주선으로 우리는 한국말을 할 줄 아는 연구원 한 사람을 만났다. 이름은 영가화. 가냘픈 몸매에 단정한 옷차림, 상냥하고 친절한 미소와 말씨를 지닌 어여쁜 중국 아가씨였다.

막고굴의 개수는 모두 735개. 그 가운데 벽화나 불상이 있는 굴은 또 492개. 그리고 관광객에게 공개되는 굴은 제한적이고 평소에는 닫혀 있어서 영가화 씨가 일일이 그 문을 열쇠로 열고 우리를 안으로 들여 설명해주었다. 열성적이고 학구적인 설명에 우리도 덩달아 열심을 내는 사람들이 되었다. 일행 중 가장 연장인 내가 가장 많은 관심을 가지고, 가장 많이 질문하는 사람이 되었다.

막고굴을 돌아보면서 내가 가장 관심을 가졌던 것은 비천상이다. 신라 성덕대왕신종인 일명 에밀레종의 몸통에서도 보았고, 만주의 집안集安 소재 고구려 벽화 속에서도 만났던 하늘을 나는 여인, 바로 그 여인의 그림이다. 막고굴의 비천상은 하나둘이 아니었다. 벽화가 있는 거의 모든 굴마다 그려져 있었고 그 모습 또한 제각각이었다. 그러나 비천상들은 한결같이 아름답고, 신비하고, 조그마했다.

흐린 눈을 치뜨고 비천상을 찾아내는 시간 내내 나는 몸이 허공에 붕 떠 있는 듯 황홀했고, 가슴은 열락의 샘물로 가득했다. 내가 살아서 성한 내 다리로 걸어서 내 눈으로 저 모습들을 본다니 이거야말로 온전히 살아 있는 자의 축복과 행운이 아닌가. 고맙게도 영가화 씨는 제17호 석굴인 장경동도 보여주었다. 장경동은 1908년 프랑스의 동양학자인 펠리오에 의해 우연히 발견되어 5만 권의 문서가 쏟아져나온 석굴이다.

우리나라 혜초 스님의 『왕오천축국전』이 발견된 것도 바로 이 석굴에서다. 그런데 그 책마저 발견자에 의해 프랑스로 옮겨졌다니 문화적 약탈과 도둑질이 따로 없겠다. 현장에서 장경동을 보면서 이런 옛날이야기를 전해 듣는데 마음이 편치 않았다. 그나저나 조그만 창문으로 들여다보이는 장경동 안에는 당나라 말기의 스님이라는 홍변 스님의 상이 지금도 살아 있는 것처럼 우리를 바라보고 있었고, 그의 뒤로는 당나라 시절의 아름다운 생활 벽화가 선명하게 남아 있었다.

당나라 때 사람을 다시 만난다는 것과 당나라 시절 그림을 확인한다는 것이 얼마나 감탄스러운 일이었던가. 새삼 우리를 안내해주고 정성껏 좋은 설명을 해준 영가화 씨, 그 예쁜 중국 처녀에게 감사하는 심정이다. 여러 개의 석굴을 둘러보느라 일행 모두 다리가 아프고 지쳐 있었다. 석굴을 나오니 다시금 몸집이 크고 새하얀 백양나무 높은 가지에 모래바람이 불고 수없이 많은 나뭇잎은 마른 바다 물결 소리를 토해내고 있었다.

이런 때의 느낌을 가슴이 먹먹하다고 표현해야 하나. 우리는 영가화 씨를 따라 학술연구소의 기념품 판매장에 가서 책도 사고, 그림도 사고, 엽서도 사고, 또 사막의 돌로 만들었다는 팔찌를 사기도 했다. 이제부터는 여행의 내리막길, 귀로의 차례다. 돈황에서 마지막 식사를 마치고 돈황역에서 지금껏 우리를 데리고 다닌 버스 기사와 헤어진 뒤, 까다로운 절차를 거쳐 야간열차에 올랐다. 이름은 '돈황호'.

그것은 밤을 새워서 가는 침대 열차. 4인 1실로 두 개의 이층 침대가 양쪽으로 마주 보고 있었는데, 새하얀 시트에 싸인 매우 깔끔한 침대차였다. 아내와 나의 방은 17

호 열차 4번과 5번. 동행한 청양 누이동생 내외의 침대가 6번과 7번이어서 같은 방을 사용하게 되어 모처럼 가족이 한방을 쓰게 되었다. 여행지에서 한 가족이 한 공간을 사용한다는 것, 그것도 만만치 않은 행운이다.

출발지에서 종착지까지 밤을 새워 달리는 기차. 기차는 달리면서 두 차례 정도 멈추는 것 같았고 일행들은 기차 안에서 하루해가 저무는 광경과 하루해가 다시금 밝아오는 광경을 만나면서 많은 이야기와 많은 느낌을 공유할 수 있었다. 이런 때는 혈연의 가족이 아니라도 가족이 되는 마음을 느낀다. 다음 날 난주에서의 일정과 비행기를 타고 인천공항으로 돌아오는 과정은 하나의 사족이나 보너스에 지나지 않는다.

귀로에 오르고 보면 벌써 마음은 한국에 돌아와 있게 마련이기 때문이다. 돌아와 가슴이 뻑뻑해서 힘이 들었다. 이미 사라진 풍경들이 어른거리고, 들리지 않는 소리가 들리는 것 같아서 고통스러웠다. 그 풍경과 소리를 지워내지 않고서는 다시금 나의 생활로 돌아가기가 어렵다. 그 방법이 바로 메모를 정리하는 것이고, 사진을 정리하는 것이고, 또 여행기를 적는 일이다.

일단 7박 8일, 현란한 축제와 같고 춤사위와도 같았던 여행은 끝이 났다. 돌아와 피곤한 몸과 마음을 추슬러 일상 속으로 돌아가야 한다. 여행 기간의 낭만과 여유와 일탈을 멀리하면서 새로운 삶을 지향해야 한다. 인생에서 터닝 포인트를 주는 것은 독서와 여행과 인생의 고난과 시련이다. 고난과 시련은 사람을 낙망케 하여 아예 그 자리에 주저앉게 하거나 판을 깨게 하므로 권할 일이 되지 못한다. 그리고 독서는 일상적인 일이라 평범하고 가장 좋기로는 여행이라 하겠다.

나는 이번 여행길에서 무엇을 새롭게 각성하고 무엇을 새롭게 시작하고자 마음을 다졌던가. 희미하게나마 중국의 시가를 새롭게 읽어보아야겠다는 생각을 해본다. 그러나 거기에 대한 기대 효과는 별반 없어 보인다. 나의 인생이 종착점에 이르고 있고 나의 시와 문학 또한 개선의 여지가 그다지 많지 않기 때문이다. 여기서도 많이 늦었다는 후회와 아쉬움이 남는다. 그렇지만 이제부터 다시 읽는 두보나 이백의 시는 그 느낌이 사뭇 다를 것이 분명하다.

현실적인 눈으로 볼 때 중국은 무섭게 변화하고 있는 나라였다. 곳곳에서 부서진 집이나 마을을 보았는데 그것은 국가 차원에서 주민들에게 새집을 지어주고 이주시키면서 집단 관리하는 과정으로 보였다. 무한대 넓은 땅, 풍부한 자원과 많은 사람, 막강한 국가의 통제력. 아직은 무질서하고 꼬리꼬리한 냄새가 나고 있었지만, 늙은 나라 중국은 만만디의 힘으로 새롭게 태어나고 있었다. 그러한 중국이 새삼 두렵다는 생각 앞에서 우리는 무엇을 어찌해야만 하나, 정신 차려야 할 때라는 생각이 들었다.

　가장 인상에 남는 것은 역시 돈황의 막고굴 부처와 벽화다. 거기에는 야나기 무네요시가 동양 삼국 예술의 특성으로 기준 삼았던 양과 선과 색이 모두 다 들어 있었다. 만약에 그가 살아서 막고굴을 보았더라면 서둘러 그런 결론을 내리지는 않았을 것이라는 생각을 하면서 나는 혼자 웃어본다.

　진저리 쳐지는 진시황의 병마용 갱. 대안탑이 보이는 분수대 돌바닥에 벌러덩 누워서 느꼈던 대지의 온기. 황하의 거친 바람과 황토색 물결. 양가죽 배. 조랑말 마차. 명사산의 모래와 낙타. 월아천. 그리고 먼지같이 가는 모래의 모래밭. 거기에 잠시 누워서 바라보았던 사막의 하늘과 구름. 막고굴의 수많은 벽화와 부처. 비천상. 장경동. 돈황호 야간열차. 함께 지낸 한 밤.

 그것들은 천천히 잊힐 것이다. 세상 모든 것은 언젠가 잊히기 마련이다. 그렇지만 끝까지 잊히지 않기를 바라는 것이 하나 있다. 그것은 돈황의 막고굴 앞에서 만난 백양나무 높은 가지에 이는 모래바람 소리다. 언제까지고 그것은 내 가슴속 깊숙이 뿌리 내리고 자라면서 나와 함께 울며 이 세상 마지막 날까지 견뎌주기를 바라는 마음이다.

※

 사람은 누구나 시간이 지나면 후회스러운 일이 생긴다. 그것은 나도 마찬가지. 이번 중국 여행에서도 후회스러운 일이 한둘이 아니다. 그 가운데서도 가장 후회스러운 일은 내가 평소 좋아했던 중국 시인 왕유王維의 상을 몰라보고 그 앞에 새겨진 시를 읽어보지 못한 일이다. 이는 나의 부주의 탓이고 사려 깊지 못함의 탓이고 더 나아가 무식의 탓이다.

 양관陽關이란 곳, 중국 한나라 때부터 서역으로 통하는

관문이었던 곳. 거기서부터 실크로드의 출발이고, 험난한 사막 길, 천산북로 천산남로가 열리는 카라반 루트의 시작점이다. 일정의 끝에 그 양관이란 곳을 우리 일행도 가보았다. 더없이 스산하고 황막한 풍경에 인간이 사는 마을의 끝 지점에 비로소 우리가 왔구나 싶은 실감이 일었다. 건조한 모래바람이 그렇고 두꺼운 햇빛이 그렇고 풀 한 포기 제대로 발붙이기 어려운, 척박하다 못해 붉은 모래흙이 그것을 일러주고 있었다.

그래도 우리는 양관에 왔다는 감격에 휩싸여 내달리며 휘둥그레 눈을 치뜨고 여기저기 바라보며 사진도 찍었다. 허둥허둥 다리가 마치 구름 위를 걷는 듯했으리라. '양관'이란 붉은 글씨가 붙어 있는 누각 앞에 섰을 때 한 사내의 입상이 눈앞에 나타났다. 그것은 새하얀 대리석 석상으로 호방한 포즈에 도포 자락을 휘날리며 왼손에 술잔을 든 채 오른손으로 허공을 가리키는 모습이었다.

그 입상이 바로 왕유였다. 그렇지만 나는 일행을 따라 급하게 이동하느라 그 앞을 지나며 풍경 사진에 그의 모습을 우연히 담았을 뿐이다. 바쁘게 지나면서 보니 입상의 왼쪽에 붉은 글씨로 무언가 글이 새겨져 있는 바위가 보였다. 하지만 나는 그것까지는 사진에 담지 못했다. 어쩐지 범상치 않다 싶었지만, 그것이 정작 왕유의 입상이고 바위에 새겨진 것이 왕유의 시인 줄은 차마 짐작조차 하지 못했다.

여행을 마치고 돌아와 생각해보니 후회막급이다. 그 왕유의 입상을 보려면 7박 8일의 중국 여행길에 다시금 올라야 한다. 내 어찌 살아서 다시 그 왕유의 입상을 본다고 하겠는가. 다만 후회와 아쉬움으로 왕유의 시를 꺼내어 새삼스레 읽었을 따름이다.

위성 땅 아침 비에 먼지가 젖고
객사 푸른 버들 비 맞아 더욱 푸름을 보며
나 그대에게 술 한잔 다시 권하며 말하네
여기 양관을 벗어나면 옛 친구도 없을 것이네.
— 왕유, 「안서로 가는 원이를 전송하며」

渭城朝雨浥輕塵(위성조우읍경진)
客舍靑靑柳色新(객사청청류색신)
勸君更進一杯酒(권군갱진일배주)
西出陽關無故人(서출양관무고인)
— 王維(왕유), 「送元二使安西(송원이사안서)」

성당盛唐 시대 사람으로 이백, 두보와 더불어 당나라의

삼대 시인으로 지칭되는 왕유. 그림까지 잘 그려서 나중에는 중국 남종화의 비조(鼻祖)가 된 왕유. 그는 이 글에서 양관 땅을 떠나 서역으로 가는 정든 벗을 위해 술 한잔을 권하며 이별의 마음을 달래고 있다. 천이백 년도 넘는 옛사람들의 이별이 오늘날까지 우리 마음을 아프게 한다니, 글의 힘이 얼마나 큰 것인가를 짐작하게 된다.

누군가 이 글을 읽은 사람이 있어 다시 양관에 가거든 왕유의 입상을 찬찬히 살펴보고, 그 옆에 새겨진 붉은 글씨의 글이 왕유의 글인지 확인해서, 내게 알려주었으면 싶다. 아, 우리가 한 번 지나쳐온 길을 다시 간다는 것은 얼마나 어렵고도 어려운 일인가!

나는 사막이 그리운 한 줌의 햇빛이었나
— 데스밸리 여행기

✻

여행에서 돌아오자 사람들은 날 더러 데스밸리에 가서

몇 편의 시를 썼느냐 물었지만,

나는 시를 한 편도 쓰지 못했음을 솔직하게 고백하지 않을 수 없었다.

언제고 세월이 지나 격한 감정이 가라앉고 삭아지면

그 푸석한 기억의 한구석에서 기적처럼, 아니면 외마디처럼

몇 줄의 데스밸리 시가 쓰일지도 모를 일이겠다.

✻

여러 차례 엘에이를 오가면서 부근에 있는 데스밸리를 한번 찾아가보고 싶었다. 그러나 번번이 조건이 맞지 않아 그러지 못했다. 데스밸리는 죽음의 골짜기란 이름 그대로 매우 특별한 땅. 지구상에서 가장 더운 땅으로 여름은 물론 4월 말만 지나도 관광버스로는 여행이 불가능한 지역이다. 운 좋게도 그 데스밸리를 이번에 여행하게 되었다. 더구나 그것은 엘에이 지역 문인 23명이 우리 내외를 위해 마련한 문학 여행이어서 얼마나 감사한 마음인지 모른다.

데스밸리를 찾아간 날은 바로 3월 16일. 나의 생일이었다. 달리고 달려도 끝이 나지 않는 넓은 땅. 질주와 질주 끝에 드디어 들어선 골짜기. 골짜기라기에는 너무나 드넓고 아득한 지평과 그 너머 산맥의 연속들. 올라가면 아주 높게 올라가는 오르막이었고 내려가면 아주 아득하게 내려가는 내리막이었다. 그 내리막길에서 듣던 〈글로리아Gloria 합창곡〉과 〈대리석 궁전에 사는 꿈을 꾸었네〉의 감동을 어찌 잊을까!

부드럽게 하강하는 관광버스 앞자리에서 그 노래들을 들을 때 나는 가슴이 뛰다 못해 밖으로까지 쿵쾅거리는 소리가 들리는 것 같았고 드디어 주르르 눈물을 흘리고야 만 것이었다. 순간순간 살아 있는 목숨이라는 것이 얼마나 감격스럽고 감사했던지…… 그것은 너무나 낯설고 커다란 풍경과의 만남에서 오는 충격이기도 했다.

아, 데스밸리. 말로 다 할 수 없는 땅. 보았지만 보았다고 말할 수 없고 분명 가보았지만 가보았다고 말하기도 어려운 땅. 오직 꿈을 꾼 것 같은 그곳. 죽음의 골짜기라 부르지만 진정한 생명이 숨 쉬고 있는 땅. 시시각각 무너지고 시시각각 일어서고 시시각각 충만해지는 땅. 그냥 날더러 마구잡이식으로 말하라면 그 표현은 이렇다.

'너무나 놀라운. 너무나도 크고 다양한. 비교 개념을 찾을 수 없는. 상상을 절刊하고 마는. 넘치고 넘치는 스케일과 거리감. 보지 않고서는 진정 알지 못하는. 아니다.

보고서도 모르겠는. 아, 그 천지창조의 땅이여.'

아득한 회색빛 들판 너머 까마득하게 흘러가는 높은 산줄기 줄기, 그 거무스름하기도 하고 희뿌옇기도 한 등성이 등성이. 그것은 경이와 경이의 연속이었고 그 위로 펼쳐지는 청옥 빛 크고도 넓은 하늘 스크린은 두 눈에, 작은 가슴에 안기에 너무나도 벅찬 것이었고 또한 그 위로 흘러가는 순백색의 흰 구름은 그 어떤 말로도 표현하기 어려운 그 무엇이었다. 어찌 잊을 수 있으랴. 거대한 은갈치 구름이여. 구름의 성채, 구름 궁전이여. 구름 들판이여. 입을 맞대고 있는 이름 모를 동물 형상들이여.

해수면보다 85미터나 낮다는 배드워터Bad Water. 그곳에서는 끝없이 드넓은 새하얀 소금 벌판이며 소금 연못도 특별했지만, 느닷없이 몰아치는 강풍이 사람들을 후려치는 바람에 넘어지는 사람이 속출했다. 오, 세상에 그렇게 센 바람이 있다니! 땅덩어리가 넓다 보니 바람조차 그렇게 힘이 세고 막무가내인 것이었다. 그다음 코스인 모래언덕Sand dunes이나 자브라스키포인트Zabriskie Point, 우베헤베 분화구Ubehebe Crater에서도 마찬가지였다. 역시 엄청난 바람의 떼를 만난 것이었다. 데스밸리 여행은 마치 신이 놀라운 볼거리들을 손에 꽁꽁 쥐고 있다가 일시에 풀어놓는 듯한 그런 경탄의 연속과 연속이었다. 그럴 때마다 우리는 몇몇이 어깨동무를 하면서 바람에 맞서 산등성이를 엇샤 엇샤 소리를 내면서 잰걸음으로 톺아 오르곤 했다. 아, 그날의 어깨동무여. 옆구리에 느껴지던 미미한 인간의 체온이여.

사막의 한가운데 해수면보다 낮다는 곳에 자리 잡은 호텔, 그것도 데스밸리 안에 세 개밖에 없다는 호텔의 하나를 찾아가던 길에 본 석양을 또한 잊을 수 없다. 지는 해 짧은 햇빛이 건너편 산에 비쳤는데 그것은 기기묘묘한 영상의 연출이었다. 마치 영화의 한 장면 속에 나 자신이 들어와 있다는 황홀감이랄까. 바라보다가 고개를 잠시 돌렸다 다시 보면 다른 빛깔과 모습으로 비쳐 있는 것이었다. 누군가 하늘에서 커다란 등불을 들고 장난을 치는 것같이 느껴져 오싹 소름이 끼칠 정도였다.

여기에 더하여 그다음 날 본 데스밸리 북쪽의 스카티캐슬Scotty's Castle은 또 다른 보너스였다. 한 후덕한 부자 Albert Johnson와 재주 많은 사기꾼Walter Scotty이 만나 100년 전(1920년대)에 지었다는 요술나라 같은 건물은 그 어떤 환상보다도 환상적이었다. 어떻게 이렇게 구석지고 외롭고 동떨어진 곳에 이러한 집을 지을 생각을 했을까. 돈을 댄 사람이나 집을 지은 사람이나 참으로 별나다 싶다. 더구나 모든 재료를 수제품으로 했고 심지어 문고리 하나 대문 장식 하나까지 망치로 두드려 만든 것이라 하니 미국 사람이 아니고서는 엄두도 내지 못할 일이라 하겠다.

희대의 사기꾼이라 하지만 한 사나이의 상상력과 집념에 의해 만들어진 사막 한가운데의 집이 참으로 아름답고 그윽하고 평화롭다 여겨졌다. 나 또한 이곳에 머무는 잠시, 아주 편안한 마음과 평화와 안정과 고요를 맛볼 수 있었다. 필시 오랜 옛날의 미국인들도 이러한 평화와 고요가 좋아 이런 엉뚱한 곳에 엉뚱한 집을 지었거니 싶다. 군데군데 고여서 흘러넘치는 물줄기를 따라 역시 군데군데 자라 있는 사막 식물들, 오래 살아 몸피가 굵어지고 몸통에 버급(?)이 앉을 대로 앉은 늙고 키 큰 나무들이 그윽한 눈초리로 먼 나라에서 온 키 작은 시인, 늙은 나이인데도 여전히 철부지인 한 시인을 정겨운 눈초리로 내려다보는 것처럼 느껴졌다.

여행에서 돌아오자 사람들은 날 더러 데스밸리에 가서 몇 편의 시를 썼느냐 물었지만, 나는 시를 한 편도 쓰지 못했음을 솔직하게 고백하지 않을 수 없었다. 언제고 세월이 지나 격한 감정이 가라앉고 삭아지면 그 푸석한 기억의 한구석에서 기적처럼, 아니면 외마디처럼 몇 줄의 데스밸리 시가 쓰일지도 모를 일이겠다.

 나 이제 다시는 데스밸리를 보지 못한다 해도 좋다. 이번 데스밸리 여행은 내가 세상에 나와서 가장 아름답고 값지고 훌륭한, 참으로 감사한 행선이었다. 그 길 위에서 만난 모든 분에게 감사한다. 바람에게 감사하고 구름에게 감사하고 햇빛에게 하늘에게 감사하고 풀과 나무 한 포기 한 그루, 언덕과 산과 골짜기 들판의 흙과 먼지들에게 감사한다.

 아, 데스밸리 나오는 길에 우리는 관광버스 창가에 어린 크고도 둥글고 확실한 햇무리를 보면서 환호에 환호를 했었다. 지금은 사라져버린 햇무리에게도 감사하자. 좋았다, 다 좋았다, 하고.

시인의 말

멀리 있는 네가

나는 참 좋아

다만 궁금했다. 그리웠다. 어딘가 아주 먼 곳에 있으려니 싶었다. 초등학교 시절, 외할머니와 단둘이서 오두막집에 살 때. 날마다 얼굴 붉히며 저녁 해가 천방산 너머로 사라질 때. 그 너머 어디쯤 바다가 있고 사막이란 것도 있으려니 싶었다.

사막. 모래땅. 모래만으로 이루어진 넓은 벌판. 그곳으로 대상, 카라반이라 부르는 사람들이 줄을 지어 낙타를 타고 오간다고 했다. 오직 바람과 구름과 하늘만이 이웃인 땅. 더러는 오아시스라는 사막 우물과 신기루라는 것이 있어 배고프고 목마른 사람들을 홀리기도 한다고 했다.

그것은 모두가 학교에서 사회과 교과서로 배운 것들.

4학년 책인가에 나와 있었다. 6·25 전쟁 후라서 운크라에서 만들어준 시퍼런 마분지 교과서에 그렇게 나와 있었다. 그 뒤로 사막은 나에게 그리운 곳이 되었고 궁금한 곳이 되었고 가고 싶은 곳이 되었다.

쉽게 사막에 갈 기회가 없었다. 실지로 사막을 처음 만난 건 회갑 나이 무렵. 미국에 사는 교포 문인들에게 문학 강연을 초청받아 태평양을 건너갔을 때. 라스베이거스와 그랜드캐니언을 찾아가는 길에 모하비사막과 네바다 사막을 처음 보았다.

그러고는 미국 문인들에게 다시 초청되어 그들과 데스밸리를 보고 사막 한가운데에 있는 숙소에서 하룻밤을 자는 호사를 누렸다. 더하여 아시아의 사막을 보고 싶어 뜻있는 사람들과 여행단을 꾸리고 실크로드, 중국의 돈황 막고굴을 거쳐 양관을 보기 위해 고비사막을 건너기도 했다.

몇 차례 사막을 찾으며 나는 알게 되었다. 사막이란 다만 모래와 하늘과 바람만 있는 곳이 아니라 더러는 풀과 나무가 자라기도 하고 꽃이 피기도 한다는 사실. 또 모래벌판만 있는 게 아니라 산도 있고 언덕도 있고 골짜기도 있고 강물이 흐르기도 한다는 사실.

더 보고 싶은 사막이 있었다. 실크로드라면 더 나아가

투루판까지는 가보고 싶었고, 몽골의 사막도 보고 싶었고, 타클라마칸의 한번 들어가면 살아서 나올 수 없다는 불귀(不歸)의 사막도 보고 싶었고, 무엇보다도 세상에서 가장 아름다운 모래밭을 품고 있다는 나미비아 나미브 사막도 보고 싶었다.

하지만 나는 이제 사막을 꿈꾸지 않는다. 사막에 가지 못해 밤잠을 설치지도 않고 가슴 졸여 사막을 그리워하지도 않는다. 왜인가? 내가 머물러 사는 장소가 그대로 사막이고 내가 찾는 모든 지상의 도시들이 사막이기 때문이다.

사람들도 마찬가지다. 사람들 역시 모두가 사막의 목숨들이다. 한 마리씩 낙타이거나 목마른 사막의 벌레이거나 사막에만 산다는 사막여우들이다. 그렇지 않고서는 우리가 이토록 날마다 목이 마르고 고달프고 힘이 부칠 까닭은 없는 일이다.

사막에는 길이 없다. 사람 발길이 닿는 곳이 그대로 길이다. 아니다. 사막에는 길이 너무 많아 발길이 헤맨다. 그것은 하루하루 우리의 삶도 그렇다. 애당초 세상에는 길이 없다. 아니다. 길이 너무 많아서 걱정이다.

벗이여. 사막에서는 길을 묻지 말아라. 그대 발길 닿는 곳이 길이고 그대가 멈추는 곳이 집이고 그대가 눕는 곳이 그대의 방이다. 그곳에 누워 하늘의 별들을 보아라. 그 별들이 그대에게 많은 것을 가르쳐줄 것이다. 반갑다 인사해줄 것이고 가슴속 비밀을 털어놓을 것이다.

나는 인생에게 인생을 묻지 않는다. 인생에서 길을 찾지 않는다. 인생은 그대로 인생. 사는 것 자체가 인생이고 순간순간의 숨결이 그대로 인생이고 돌아보아 모든 기억의 집적(集積)이 또한 인생이다. 그냥 살아보는 거다. 열심히 살아보는 거다. 멈출 때까지 살아보는 거다.

인생에게 손을 들어 인사를 해본다. 사막에게도 인사를 해본다. 사막은 방금 태어난 아기처럼 방글방글 웃으며 나에게 손을 내민다. 보드라운 손이다. 메마른 누군가의 손이 아니고 모래의 손은 더욱 아니다. 나도 사막의 손을 잡는다.

그래, 이제 더는 너를 그리워하지 않을 거야. 그냥 멀리만 있어줘. 멀리 있는 네가 나는 참 좋아.

2020년 10월 중순
나태주 씁니다

나태주

1971년 『대숲 아래서』로 등단한 후 현재까지 40여 권의 창작시집을 포함해서 100여 권의 책을 펴냈다. 40년이 넘는 교직 생활 후 공주 장기초등학교 교장으로 정년 퇴임했다. 공주문화원장을 거쳐 현재는 공주풀꽃문학관을 설립·운영하고 있으며 풀꽃문학상, 해외풀꽃시인상, 공주문학상 등을 제정·시상하고 있다. 제43대 사단법인 한국시인협회 회장을 맡았다.

사막에서는 길을 묻지 마라

초판 1쇄 발행 2020년 11월 5일
초판 4쇄 발행 2023년 6월 22일

지은이 나태주
펴낸이 정중모
펴낸곳 도서출판 열림원

출판등록 1980년 5월 19일(제406-2000-000204호)
주소 경기도 파주시 회동길 152
홈페이지 www.yolimwon.com
이메일 editor@yolimwon.com   페이스북 /yolimwon
전화 031-955-0700   트위터 @yolimwon
팩스 031-955-0661   인스타그램 @yolimwon

주간 김현정   마케팅 홍보 김선규 최가인 최은서
편집 조혜영 황우정 이서영 김민지   온라인사업 서명희
디자인 강희철   제작 관리 윤준수 이원희 고은정 구지영

ⓒ 나태주, 2020

ISBN 979-11-7040-031-8 03810

* 저자와 출판사의 서면 허락 없이 내용의 일부를 무단 도용하거나 발췌하는 것을 금합니다.
* 이 도서의 국립중앙도서관 출판시도서목록(CIP)은 서지정보유통지원시스템 (seoji.nl.go.kr)과 국가자료공동목록시스템(nl.go.kr/kolisnet)에서 이용하실 수 있습니다. (CIP제어번호: CIP2020040972)
* 책값은 뒤표지에 있습니다. 잘못된 책은 구입하신 곳에서 교환해드립니다.